数字时代茶叶品牌塑造方法与实践

茶叶品牌密码

田友龙 戴高诺 ◎ 著

中国经济出版社
CHINA ECONOMIC PUBLISHING HOUSE

·北京·

图书在版编目（CIP）数据

茶叶品牌密码：数字时代茶叶品牌塑造方法与实践 / 田友龙，戴高诺著. --北京：中国经济出版社，2024.1
ISBN 978-7-5136-7508-6

Ⅰ. ①茶… Ⅱ. ①田… ②戴… Ⅲ. ①茶叶-品牌战略-中国 Ⅳ. ①F326.12

中国国家版本馆CIP数据核字（2023）第187517号

责任编辑	葛　晶
责任印制	马小宾
封面设计	任燕飞装帧设计工作室

出版发行	中国经济出版社
印 刷 者	北京富泰印刷有限责任公司
经 销 者	各地新华书店
开　　本	710mm×1000mm　1/16
印　　张	16
字　　数	238千字
版　　次	2024年1月第1版
印　　次	2024年1月第1次
定　　价	68.00元

广告经营许可证　京西工商广字第8179号

中国经济出版社 网址 www.economyph.com 社址 北京市东城区安定门外大街58号 邮编100011
本版图书如存在印装质量问题，请与本社销售中心联系调换（联系电话：010-57512564）

版权所有　盗版必究（举报电话：010-57512600）
国家版权局反盗版举报中心（举报电话：12390）　服务热线：010-57512564

推荐语

守正出奇，优秀的茶企必须两手抓：一手抓传统，一手抓创新。市场上流行的明星产品多数是创新的大赢家，创新并不是天才的灵光一现，创新其实可以复制，方法尽在《茶叶品牌密码》一书中。

厦门茶叶协会会长、中茶厦门总经理　赵大川

当下，茶行业品牌集中度不高，正是茶企着力打造品牌、永葆基业长青的最好时机。本书通过对茶叶品牌理论与实践的梳理，向广大茶企阐释茶叶品牌建设的模型与路径，让人少走弯路，值得一看。

杰出中华茶人、八马茶业总工程师　林荣溪

长大，是每一家企业的梦想。原叶茶这个赛道基因是分化，特点是小而美，成就大企业十分困难。《茶叶品牌密码》一书在标准茶赛道之外，找到聚合小而美、成就大版图的成长新路径，必将成为茶企成长的加速器。

湖南省茶业集团总裁　黎明星

茶不仅仅是一片树叶，更是一种社交工具，一种社会化对话语言，代表了一个有共识的文化世界。共识驱动诸多强势茶品牌从物种品牌之路走上簇群品牌之路，这是《茶叶品牌密码》的密码。

顽拍堂茶文化　狼　哥

品牌强，则产业强。该书结合中国茶发展趋势，提供了最具原创性、思想性和实践意义的洞见，从市场营销维度，为建立品牌思维提供了解决方案和发展路径。

贵州省绿茶品牌发展促进会、贵州省茶文化研究会副会长兼秘书长　徐嘉民

这是一部填补了行业空白的茶叶品牌经营著作，具有极强的实践指导意义。

湖南黑茶商会党支部书记　贺国旗

物质丰盈的年代，用户只相信品牌，塑造强势品牌，是茶产业走上可持续发展之路的基本法则。《茶叶品牌密码》让茶友们在品味各种香茗的同时，找到中国茶持续发展的密码，值得一读。

贵州大学茶学院党委书记　覃　昆

消费主权时代，唯品牌才能取悦用户。品牌的本质是发现价值、创造价值、维护价值，并与用户同频共振。《茶叶品牌密码》一书系统地阐述了以价值作为底层逻辑构建茶叶品牌的路径与方法，是茶行业从业者的案头必备之书。

茶的故事创始人　张海鸥

一叶乾坤，乾坤之匙在用户。《茶叶品牌密码》一书叩山问茶，从用户视角重构茶文化，重释茶产品，重塑茶品牌，洞悉茶产业本质，看清未来方向，揭秘茶叶品牌建设的路径与方法。

峨眉雪芽茶业集团总经理　何　群

中国市场太大、太复杂，变化太快，企业必须守住现有成果，提前布局。《茶叶品牌密码》倡导的"1+1"运营模式——用守成之道建设强势品牌，以布局未来之法试错，是每个企业必须掌握的方法。

艺福堂副总裁　金　勇

推荐语

品牌化是中国茶的最佳选择，茶行业从业者一直在寻找塑造强势茶叶品牌之法，《茶叶品牌密码》逻辑自洽、他洽，还能续洽，必将开启品牌建设新征程。

吴裕泰原总经理　孙丹威

《茶叶品牌密码》一书详细阐述了茶叶品牌的历史、中国茶的丰富内涵以及茶品牌的打造，内容翔实，思路清晰，分析到位，可作为茶企品牌打造的指导用书。该书洞察茶叶品牌建设的底层逻辑——好喝，让用户喜欢茶；有情感，让用户对茶着迷；有文化，把茶变成生活信仰。这是每个茶企都应该追求的目标。

中国农业科学院茶叶研究所研究员　叶阳

茶消费是一件靠感觉的事，因为喜欢才选择。喜欢，一方面是感官体验上的愉悦，另一方面是情感上的认同，这就让茶从来就不只是一片树叶，而是半物性+半情感的复合体，这是《茶叶品牌密码》的产品炼精术，也是茶企的炼金术。

鸣龙茶业董事长　李海龙

瓜片是一个小品类，徽六茶业集团的成长史就是一个做加法求大求强的过程，这与《茶叶品牌密码》中聚合小而美、构成大版图的逻辑不谋而合。做大做强茶企，值得学习此书。

徽六茶业集团董事长　曾胜春

为茶叶品牌导航。

湖南省茶叶研究所原所长　包小村

全球品牌消费、品牌竞争时代，做优做响茶叶品牌，是中国茶参与全球竞争的必然选择，也是茶产业高质量发展的必由之路。《茶叶品牌密码》助力茶企讲好茶叶故事，塑造强势茶叶品牌，让中国茶香飘世界！

中国国际茶文化研究会副会长、西北农林科技大学教授　肖斌

《茶叶品牌密码》深度解析了我国茶品牌现状、茶叶商品属性、标准化茶与工业化等与茶叶品牌打造相关的内容，针对乡村振兴战略赋予茶产业的新使命，结合中国茶企的特点，创造性地提出"小而美，中国茶的主赛道"的建设思路，系统地构建了茶叶品牌建设的路径和方法，值得深度学习。

贵州省茶科所副所长　潘　科

　　市场一直是强弱相争，没有一个品牌强大到不可以挑战，也没有一个品牌弱小到无法参与竞争；品牌赢家有思想、精文化、重原则、讲方法、抓细节。《茶叶品牌密码》一书，术道并重，助力您成为品牌大赢家！

陕西省茶文化研究会会长、陕西东裕品牌创始人　张为国

序一

中国茶叶已经迈向品牌化发展新时代

茶是我一辈子离不开的事业。几十年如一日，我一直都在一片小小的茶叶上做文章——用科技创新，推动茶产业提质增效与跨越升级，致力于让茶农更富、乡村更美、茶产业更强！

我有幸亲身经历中国茶从"小时代"进入"大时代"的过程。中国是世界茶叶的发源地，到2000年，中国茶园种植面积超过1000万亩，农业产值才接近100亿元，中国茶产业规模处于"小时代"。2000年以后，中国茶开启全速前进模式——短短二十多年，茶园种植面积接近5000万亩，茶叶相关企业154.7万家，第一、第二、第三产业从业人员超过7000万，2022年，茶叶内销总金额突破3180亿元大关，综合产值高达7000亿元。目前，中国是世界第一产茶大国和第一茶叶消费大国，已经成为名副其实的第一茶叶大国；中国茶已经进入"大时代"，这是全体中国茶人共同的骄傲。

我有一个梦想——让中国从"茶叶大国"变成真正的"茶叶强国"，让中国好茶香飘世界！

"茶叶强国"必走供给侧改革之路，通过科技创新和文化融合共同影响生产端与市场端。科技塑造好品质，让茶个性鲜明，品质风味的感官体验更佳；文化丰富情感，让茶有仪式感，把一片树叶升华为品牌，消费者不仅爱上喝茶，还乐于支付品牌溢价；推动茶产业从"规模驱动"模式升级为"品牌驱动"模式。

茶叶品牌密码：数字时代茶叶品牌塑造方法与实践

好茶香飘世界，则应该全面提升中国茶叶的国际市场竞争力。中国茶叶的国际市场应在稳定现有欠发达国家的基础上向发达国家拓展，品类结构从绿茶绝对主导向多茶类并举拓展，产品品质从中低档向中高档拓展，产品形态从散装茶向自主品牌转移；对外输出茶叶产品，更要输出品牌和文化；让越来越多的人了解中国茶和茶文化，让更多人爱上中国茶。我坚信，一定有那么一天，外国人将学习中国人的茶叶消费方式，像中国人那样喜爱中国的品牌茶！

我十分高兴地看到，中国茶叶品牌已开始强势崛起，成为拉动产业前行的火车头。安化能成为世界黑茶中心，白沙溪、湘益、中茶等龙头品牌的带动不能忽视；福鼎白茶星光闪耀，品品香、六妙、鼎白等领导品牌的推动不能忽视；安溪铁观音在茶叶公用品牌榜上名列前茅，八马、华祥苑等强势品牌的牵引不可小视。茶还走出了独具特色的品牌之路，如竹叶青文化之雅，茶里创新之巧，八马内容营销之强——茶叶品牌建设可圈可点之处还有很多，这里不一一细述。放眼全球，中国尚无可比肩立顿的世界级茶叶品牌，但在中国本土，中茶、八马、小罐茶、华祥苑、理想华莱等品牌已实现对立顿的超越，假以时日，中国茶企大量走出国门，输出品牌，参与全球竞争，一定会诞生可以与立顿媲美的世界级茶叶品牌。

茶叶品牌越来越闪亮，是茶界同仁共同努力的结果。茶农种好茶，茶师制好茶，科研人员用科技提升茶品质，为茶叶品牌打下坚实的基础。营销人为茶植入情感价值和文化价值，并将其传递给用户，将茶卖出溢价，是茶叶品牌的引擎。

茶产业有一道十分亮丽的风景——千万营销大军卖茶。营销大军中有两位十分接地气的实战派营销专家：一位是戴高诺先生，一位是田友龙先生。戴高诺是茶叶终端营销专家，近二十年深耕茶叶门店营销，在门店运营、管理、销售技巧和培训上口碑不错。田友龙是品牌营销和战略管理专家，他曾是4A广告公司北京灵思云途的合伙人，因参与创建茶语网而进入茶行业，又因常深入茶叶产销区而与我相识；他曾服务过岳阳黄茶等多个茶叶公用品牌建设项目，服务过八马、中茶、吴裕泰等诸多知名品牌。田友龙先生的品牌造诣深厚，营销功底扎实，视野开阔，创意巧妙，注重实战实效，在我的心中留下了深刻记忆。

两位来自市场一线的营销人，将多年市场操作经验进行总结，将对产业的观察和研究进行梳理，集结成《茶叶品牌密码》一书。此书对二位作者而言，是从经验到方法论的升华，更是一种自我鞭策与激励；对茶叶从业者而言，则多了一种思想的碰撞，多了一套可借鉴的操作方法。

茶是区域特色产业、文化产业、服务产业和健康产业，多重属性决定茶叶品牌建设之道与众不同。茶叶品牌需要独特的体系，本书就是对茶叶独特品牌模式的一次积极探索。尽管我也并非完全认同本书的观点，但是，我积极支持他们的研究，中国茶品牌化时间不长，目前还没有一套通用的品牌模型，这个时候需要不同的见解交融，让不同的思想碰撞，并鼓励积极实践不同的方法，唯有充分的碰撞与融合，才能形成一套有普世价值的茶叶品牌建设模型。

我乐意接受邀请为本书作序，一是对两位作者的鼓励与支持，二是肯定《茶叶品牌密码》一书的探索和实践价值，更重要的是向全体茶人提出倡议：大家共同努力，每人贡献一点智慧和力量，汇点滴以成江海，让中国成为世界茶叶的"文化库""思想库""信息库""人才库""品牌库"和"技术库"，培育出一批在全球有影响力、有竞争力的"中字号"茶叶品牌。

在乡村振兴背景下，茶迎来了千年一遇的战略机遇，"三茶统筹"是中国茶未来发展的行动指南，营造关注品牌、争创品牌、维护品牌、崇尚品牌的良好氛围，培育世界级茶叶品牌是中国茶业的梦想，这个梦想必定能实现！

让我们共同为中国茶叶品牌化发展鼓与呼！

中国工程院院士 刘仲华
2023 年 8 月 8 日

序二

打造强势国茶品牌的新思考

  茶被誉为中国古代的第五大发明。茶的发现与利用，以及发展成一种国际化的大产业，是中国人对人类文明的一大贡献。茶作为我国具有传统特色的产品和产业，其重要特征是广泛深入民间，与中国社会的发展紧密相连，与人们的生活密切相关，是中华传统文化的一个重要组成部分。茶文化博大精深。从植物学、农学、文化学、食品饮料加工、产业经济、消费市场等不同维度来观察茶，其内涵都极为丰富，为其他多数农产品所不能企及，这是茶和茶产业的重要特征。

  正因为如此，茶的产业化和品牌化发展相较于其他农产品来说难度更大。20世纪90年代以来，我国茶产业发展进入社会主义市场经济阶段，农业产业化快速发展，茶叶品牌化起步，经过数十年的探索和发展，我国茶叶品牌化取得了重要进展。但直到今天，茶叶品牌"多、杂、小、弱"的痼疾并未得到根治。茶产业和茶品牌发展的路径探索仍然是政府部门、专家学者和产业界探究的热点。

  因为职业生涯中有过近十年在茶企从事研发和营销的经历，我也养成了对茶叶市场观察和思考的习惯，但每每谈及茶品牌和茶品牌营销这一话题，总是非常惶恐，因为我深知其中的难度。数年前，曾应约写过一篇文章《"小产区茶"是中国茶业发展的重要路径》，提出中国茶产业发展的两条路径。我以为我国茶业发展不能一味强调走立顿式的高度集约化、标准化、工业化、规模化的道路，小而美、小而精、小而强、小而高效是中国

茶叶品牌密码：数字时代茶叶品牌塑造方法与实践

茶叶发展的路径选择之一，甚至是更现实、更快捷的品牌形成和发展之路。从茶产品的自然属性、消费特征和茶文化的角度对茶产业和茶品牌发展进行初步思考和分析后，我认为中国茶产业和茶品牌的发展有标准化、规模化的工业化路径和区域化、特色化的小而精路径。然而，因学识所限，我未能对此作进一步研究。

认识友龙先生是在筹建中国茶业商学院的过程中，我们曾多次一起参加相关研讨。他是一位勤于思考、勇于探索又有丰富实战经验的营销专家。近年来，我们俩因工作关系见面多起来，因对茶界的诸多事情有着相同或相似的观感，自然而然地成了谈得来的朋友。去年秋天，我到重庆出差，我们俩相约喝酒聊天，他告诉我正计划把近年来对茶品牌建设方面的一些研究成果整理出版，自此我就一直期待着一睹为快。

田友龙与戴高诺两位先生合作的《茶叶品牌密码》一书，给我印象特别深的是一如既往地保持了友龙君快人快语的风格，言辞犀利，毫不含糊，但金句迭出，直指问题的核心。如书中对茶界大佬立顿品牌的剖析就很深刻，很具启发性。书中对过去二三十年来国内茶品牌创建和发展的历程进行了梳理和分析，从茶叶的快销实践、茶的标准化、茶产品创新、茶品牌化等方面分析了以往诸多尝试的得失，其观察的视角和结论，对热切关注和思考中国茶品牌之路的同行来说，定会有耳目一新之感。

难能可贵的是，作者并不准备步一些国茶品牌批评家的后尘，就品牌问题高谈阔论一番后就拍屁股走人，而是提出了国茶品牌化的系统操作方法。通过茶叶品牌建设的通用模型、塑造强势茶叶品牌、茶叶产品炼精术、数字化战略解码等章节，作者系统论述了中国茶企和茶品牌做大做强的另一个方向和另一种解，即通过走小而美的路，达成构建大企业、大品牌的愿景，实现小而美的个性茶与大一统的标准茶共荣共生。其路径则是以文化为底层，构建一个小而美的有竞争力的茶叶品牌，以文化包容性和延展性来扩充品牌时空总容量，驱动品牌进化，组成品牌生态圈，进而构建起大而强的企业版图。

诚如作者所言，中国茶的底子是农业，基因是文化，特点是个性化。历经数千年发展进化的中国茶业，无论从茶园面积、茶叶产量，还是国内消费量和出口量来讲，都是当之无愧的世界第一，然而，具有如此深厚的历史文化底蕴和绝对领先规模的中国茶，并没有形成世界级的茶品牌，这是国茶之痛！

  致敬那些殚精竭虑、孜孜以求，希望国茶品牌崛起的探索者和实践者！《茶叶品牌密码》是有关中国茶品牌构建探索的又一次具有创新意义的尝试，其提供的思想资源将对中国茶品牌的研究和建构提供新的启示，我乐于向读者诸君推荐此书。

中国茶叶学会副理事长
湖南农业大学教授、博士生导师   肖力争
2023 年 7 月 20 日

自序

品牌建设正当时

茶是华夏文明符号，长盛不衰，历史上的茶一直是品类驱动。这一切已翻篇，进入"大时代"的中国茶，驱动方式发生了根本性的变化。

产业升级，茶叶迈进品牌新时代

党的二十大以后，中国全面推进乡村振兴战略，提出"产业兴村，培育农业品牌"的发展思路，推动传统农业向现代品牌农业转型。茶产品认可度高，覆盖面广，易储存，好运输，销售半径大、周期长，产业化与品牌化优势明显，因此成为诸多县市乡村振兴的支柱性产业，驱动茶叶走上品牌化快车道。

茶繁荣的背后有隐忧——过剩。中国茶叶流通协会数据显示，2021年中国茶库存43.8万吨，事实上，茶供大于求的局面已持续多年。过剩市场竞争有两个基本原则：一是差异化建品牌，用品牌俘获用户，用户叠加获得规模效应；二是通过品牌创新和延伸拓展新用户，做大整体市场，因此品牌是过剩时代突围的利器。

2019年，我国人均GDP超过10000美元。全球经验表明，这是消费结构变化、消费档次提升、消费升级正式步入快车道的显著标志。

消费升级为体验情感品质服务买单，映射到茶上就变得复杂且具体：第一，汤色、滋味、香气有吸引力；第二，天然、健康、安全；第三，喝茶多样化与多元化，一天、一年、一生喝不同的茶；第四，讲究情感与价值共鸣；第五，追求精致、时尚，注重颜值、审美。从此茶的用户不再单纯地为一片香气、滋味俱佳的树叶付费，而是为一个有故事、能承载情感并表达自我价值的茶叶品牌买单，茶叶全面进入品牌新时代。

茶叶品牌，迎来最佳创建时机

八马、品品香、白沙溪、海堤红等茶叶品牌迅速崛起，但还没有哪个头部品牌强大到不可挑战，也没有哪个品牌弱小到不能参与竞争。茶产业增长速度比较快，是一个增量市场，而不是一个存量市场，各品类、产区都可以找到空白点长驱直入，这是迟到者的机会。

茶叶品牌化时间不长，品牌化程度与集中度双低，目前尚无一个品牌市场占有率超过3%。市场主体还是千城万店卖茶，只算得上竞争混乱，算不上竞争激烈。领先品牌之间达成恐怖的战略平衡（不打要掉队，打又打不死对手），领导品牌之间竞争造成大树底下不长草的格局，其他品牌只能捡点残羹冷炙过日子，这才是竞争激烈的局面，但基本没有进入机会。

茶产业还处于扩张末期，还未进入成熟期，品牌集群影响初显，野蛮生长的比例还比较大，这正是通过系统优化实现后发制人的最佳时期，也是品牌创建的高峰期，几乎是挤进茶行业最后的机会。

说茶一脸自信，说品牌一脸愁容

茶是一个十分奇特的行业，说到茶大家都十分自信，茶园、茶山、茶种、茶艺、茶文化，处处是让人自豪的故事。说到茶品牌，大家就会一脸愁容，虽然都知道品牌很重要，品牌是火车头，但是究竟如何建品牌，就公说公有理，婆说婆有理了。

有人主张：中国茶应该学习立顿好榜样；

有人呼吁：要做标准茶，打造大单品，做超级品牌；

有人倡议：要用科技创造新物种，开创新格局；

有人提议：要做文化茶，走小而美路线；

有人建言：抓住年轻人，就能抓住未来；

……

品牌路多是好事，条条道路通罗马嘛。但可选的路多了，选择难度大了，往往事与愿违，最终的结果是付出沉重的代价，当然也就没有路了。

对于茶的未来大家十分乐观，对茶叶品牌却有点悲观，这就是茶的痛点，一个大痛点！茶叶品牌化之路到底在何方？

用户视角，破译茶叶品牌密码

中国不缺好茶，中国茶不缺好故事，中国是培育世界级茶叶品牌的沃土。但中国偏偏就缺世界级的茶叶品牌，那么，如何才能培育出可以与立顿掰手腕的世界级品牌呢？

品牌建设的基本逻辑是"似我者死，逆我者生"，模仿与学习只能做跟班与小弟，伟大的品牌从来不走别人走过的路，而是做最好的自己。

茶叶品牌如何做最好的自己？答案不在茶山，不在工厂，而在用户。品牌是用户的，一切必须用户说了算。换上用户的心去感受茶，换上用户的耳朵去听茶，换上用户的眼睛去看茶，换上用户的嘴去品鉴茶，才能破译茶叶品牌密码。

谁在喝茶？

年龄是关键。年轻人讲试错，需要雷厉风行，喜欢兴奋属性的产品；中老年人谋定而后动，需要沉着冷静，更青睐安慰属性的产品。从本质上讲，茶的安慰属性大于兴奋属性，所以茶的用户大龄化，主体不会是年轻人。

喝什么茶？

明确了茶的主体用户大龄化这一事实，打造茶叶品牌的时候就要回归中国传统文化，认识到茶是中国传统文化符号，主体用户骨子里认同原叶茶。所以基于原叶茶创新容易出爆品，茶叶深加工的创新茶则必须另找赛道，这就是颠覆性新物种在茶叶市场上表现比较难堪的原因。

如何喝茶？

消费者对茶的消费第一靠的是感觉，感觉有感官上的体验，更有情感上的认同。感官体验与情感认同都因人而异，处处彰显个性，茶也必须个性化，才得以进入用户法眼，从而驱动品牌走向小而美。

消费者对茶的消费第二靠的是需求，在需求驱动下，茶的情感承载能力就没那么强了，也没那么必要了。作为天然健康饮品被需要，才是选择的关键，这会驱动茶走向标准化。

用户喝茶的习惯决定了小而美的个性茶与大一统的标准茶共荣共生，这将是中国茶市场格局的必然走向。

走小而美之路，构建大企业

大一统的标准茶需要大体系支撑，唯有大营销、大渠道、大团队、大单品才能成为大赢家，其建设之累、竞争之烈、费用之高、周期之长、管理之难远超想象，而且大一统的标准茶市场容量有限，是少数人的赛道，更多玩家还得走小而美之路。

走小而美之路，茶就能容纳更多的创业与就业，形成更大的产业集群，拉长产业链。虽然单一个体规模小，却能带来整体价值的最大化，这也是人多地少、绝对从业人数不会太少的中国农业的最优解。

这也引发一个问题：小而美是否能成就大企业，毕竟做企业都有一个长大的梦想。这里有两个误区：一是将品牌强弱等同于规模大小；二是将品牌规模等同于企业规模。其实，品牌小而美，企业一样可以大而强。虽然单一品牌体量不大，但是组合起来，企业就会又强又大，这就是信息时代的品牌新规则——品牌组合建成生态圈。

以文化为基础构建一个小而美的有竞争力的茶叶品牌，以文化包容性和延展性扩充品牌时空总容量，驱动品牌进化，组成品牌生态圈，通过小而美构建起大而强的企业版图，这是梦想做强做大的中国茶的另一个方向和另一种解。

十年，喝懂一杯茶

我本是4A广告公司北京灵思云途的合伙人，长于战略与品牌营销。灵思云途是一家在国内名列前茅的智业机构，一直有打造产业帝国的梦想，投资了诸多行当。我的职业生涯起步于世界500强企业，消费品领域的相关经验丰富，不仅善于借风起飞，还巧于逆风发展，因此作为联合创始人参与孵化了一个茶叶垂直平台，一不小心还把这个平台做成了茶产业头部企业。

这次创业改变了我的人生之路。曾经我是一位只喝西湖龙井，对六大茶类没完全搞明白的茶小白，现在我成了喝茶、存茶、藏茶的老茶鬼；曾经茶对我而言就是一杯健康饮料，有茶让我健康快乐，没茶的日子也就这么过；现在我喝茶、说茶，帮企业卖茶，追求让几个茶企因我而不同，茶成为我的事业。

进入茶行业，我又十分幸运。刘仲华院士、肖力争教授等一批权威专家的点拨与帮助，让我透过迷局看清产业的底层逻辑；在福鼎、岳阳、贵州、宜宾、衡山等诸多产区论道，让我精准洞察产业格局，看清前行的方向；在八马、吴裕泰、峨眉雪芽、川红茶业集团、中茶、孝文家茶、下关沱茶、岁月知味等诸多知名茶企的品牌营销实践，让我破译市场密码，找到持续增长之路。

深耕茶产业，十年喝懂一杯茶。茶是中国的，也是世界的，中国茶必须参与全球竞争，将茶放在全球竞争的坐标下，打造强势品牌。同时，中国茶必须做最好的自己，构建有中国文化特色的茶叶品牌，这就是田友龙这厮著《茶叶品牌密码》一书要探索和解决的问题，希望此书能伴茶香飘华夏，香飘世界！

一点歉意与声明

本书是田友龙这厮与戴高诺先生合作完成的。戴高诺先生是我多年的好朋友，与我这样的杂家不同，他是专家，专注于茶叶门店营销近二十年。我习惯从顶层出发，他习惯从一线反推，我们合作可谓相得益彰。如果没有他给我提供丰富的研究案例和市场一线信息，没有他在我的理论框架中植入行动计划，本书就不可能既装天线又接地气（既能提供品牌建设的方向感，也能提供品牌建设的方法论），我们的合作让这本书更有指导意义。

我们俩都不是茶叶科班出身，加之时间仓促，书中难免有遗漏与不周之处。品牌思想本来就是有起点没终点，不断进化与升华的，所以我们的研究也不能尽善尽美，对此我们深表歉意，敬请批评指正。

欢迎各位看官点赞，也欢迎拍板砖！

田友龙于重庆
2023 年 8 月

目录 | CONTENTS

第一章　击碎立顿百年神话 / 1

　　第一节　立顿神话该破灭了 / 3
　　第二节　立顿的真相，并没有那么美好 / 6
　　第三节　立顿的底层逻辑，中国茶该学什么 / 10
　　第四节　立顿元规则，反思中国茶的全球化 / 14
　　第五节　立顿的黄金时代已远去 / 19
　　第六节　中国茶，路在何方 / 23

第二章　寻找中国茶的真谛 / 29

　　第一节　个体崛起，激活柔性定制 / 31
　　第二节　文化杂食，碎化市场分散产业 / 35
　　第三节　自我觉醒，驱动价格走向两极 / 40
　　第四节　专业主义，推动茶企泛媒体化 / 44
　　第五节　外脑决策，开启茶叶经营数字化 / 49
　　第六节　倍速生活，年轻人如何才会喝茶 / 53
　　第七节　圈子生存，建设共情品牌 / 57

第三章　茶叶品牌建设的通用模型 / 63

　　第一节　一片树叶，两种品牌 / 65
　　第二节　物种品牌，三角支撑模型 / 70
　　第三节　集群品牌，场景聚合多品类 / 78

第四节　全域品牌，价值重构品类边界 / 85

第五节　簇群品牌，共识打通全产业链 / 89

第六节　超级品牌，资本重建产业生态圈 / 94

第四章　塑造强势茶叶品牌 / 103

第一节　立愿景，树立品牌架构 / 105

第二节　命名字，确定品牌调性 / 111

第三节　立人设，完善定位系统 / 117

第四节　找买点，创造价值体系 / 122

第五节　塑颜值，智赢"眼球经济" / 127

第六节　讲故事，引爆品牌传天下 / 132

第七节　造口令，巧占用户心智 / 141

第五章　茶叶产品炼精术 / 145

第一节　用户时代，产品新定义 / 147

第二节　金字塔原理，搭建最佳产品结构 / 151

第三节　四驱模型，塑造产品个性 / 156

第四节　跨界，创造新物种 / 161

第五节　迭代，产品更新四步法 / 165

第六节　延伸，建成品牌生态圈 / 170

第六章　数字化战略实践 / 177

第一节　开启数字化经营新时代 / 179

第二节　思维革命，走上数字化战略之路 / 181

第三节　产品数字化，赢在起点 / 184

第四节　打造 IP，构建超级链接力 / 188

第五节　共识品牌，数字经济新风向 / 193

第六节　平台化，建设品牌新生态 / 197

第七节　渠道数字化，构建营销闭环 / 201

第七章 试错，打开未来 / 205

第一节 巨变时代的经营新思维 / 207
第二节 向前看，主动探索未知 / 211
第三节 整合数据，做好当下看清未来 / 216
第四节 用户参与，共同创新 / 220
第五节 慢法则，跑通商业模式 / 224
第六节 顶层设计，建设试验特区 / 228

第一章　击碎立顿百年神话

立顿是工业化制茶典范，全球茶界领袖，对中国茶影响深远。如果立顿神话不破，中国茶就找不准未来的路。

第一节 立顿神话该破灭了

有人的地方就会有故事，有故事就容易演绎成神话。

茶是中国原生产业，中国自然是茶的故乡。由于历史久远，参与者众多，茶的故事十分丰富，神话与传奇一路相伴。

有一个神话故事，对中国茶伤害很深，侮辱性极强，而且误导性极大，这就是"七万家茶企抵不上一个立顿"。

做茶，无论是在中国还是在地球其他地方，都有一道绕不过去的坎——立顿。

立顿这个全球茶界霸主、工业化制茶的标杆为什么变成神话？这还得从2008年说起。

立顿神话中国创造，点火的是某权威媒体。2008年，该媒体一记者对茶产业进行深度观察之后发出不解之问："七万家茶企，为何利润不及一个立顿？"

2008年，互联网刚刚起步，中国还属于精英媒体时代，引火者又属于精英媒体中的明珠，其权威性与影响力可想而知，有定调与定性的能力；发出的声音自然就被反复激荡、解构与再传播；于是这个声音就变成了"七万家茶企抵不上一个立顿"，而且传得快、传得远，中国茶人都知道了！

不过，在2008年，这个说法还是有一定事实依据的。

2008年，中国7万家茶企总销售额约300亿元人民币，而进入中国市场16年的立顿全球总收入高达230亿元人民币。一个产业以不明显的优势胜过一个企业，多少有点儿胜之不武！说中国茶产业不敌一个企业，虽有夸张的成分，但基本可以让人接受。

2008年，中国茶输了，但并不是耻辱，而是一种光荣。回望2008年，我们可以看到，中国有多少大事在做：这一年，房地产业写入中国支柱产业不久，房地产业黄金20年才拉开序幕；这一年，高瓴资本成立3年，中国资本市场才蹒跚起步；这一年，中国电商才崭露头角，B2B是主角，离登顶还需要很长的时间；这一年，中国还在应对国际金融危机；这一年，中国工业现代化建设才彻底完成……

2008年以前，中国要忙的大事、要事很多，10多亿人口的大国要完成从农业社会向工业社会的转型，就必须成为世界第一大钢铁生产国、第一大水泥生产国、第一大发电国、第一大汽车生产国。回头去看，钢铁产业要早一点，我们在1996年就实现了登顶，而第一大汽车生产国目标直到2013年才完成。

钢铁、水泥、发电、汽车……哪件不是大事，哪件不是急事，哪件不关系国计民生，哪件不是耗时、耗力、耗钱的大事？当然这同时代表着巨大机遇。茶虽说是中国原生产业、中华文明的符号，但无论是琴棋书画诗酒茶，还是柴米油盐酱醋茶，茶都不是生活必需品；在基本民生前，茶都是可有可无的，产业属性决定了其挤不进优先发展的列车；无论政策资本还是相关人才，受关注度都不太高。因此，中国茶此时表现不佳是一个发展中国家产业发展智慧的选择。

这一点上，立顿本身就是最好的例证。立顿创立于1890年，这时距第一次工业革命结束已近半个世纪。18世纪中叶，第一次工业革命以工业机械的诞生为标志，结束于19世纪三四十年代，以蒸汽机作为动力广泛使用为标志。英国在差不多称霸地球半个世纪后，才有时间、精力解决茶这点事儿，才创立了立顿，自此拉开了百年神话的大幕。

2008年，中国茶输了，但那并不是什么可耻的事。可以说，茶产业为中国发展的战略选择做出牺牲，这是一种光荣。

至2021年，13年时间，中国茶高歌猛进，总体规模从300亿元涨到了3000多亿元，涨了9倍。而立顿，这个茶界"巨无霸"却在这些年一直原地踏步，销售规模在200亿元徘徊不前。

3000亿元 vs. 200亿元，中国茶对立顿实现彻底碾压！

具体到中国市场，立顿在数字上也输了。立顿中国是一家非公众公司，没有公开的销售数据，但是立顿曾自豪地宣布：在中国一年能卖出20亿杯，以几角钱一杯，最高几元钱一杯的单价估算，一年也就10亿元左右的销售额；而竹叶青、八马、中茶、大益等企业的销售数据均已超过立顿。即使在袋泡茶这个赛道上，立顿在中国市场上也遇到了强大的挑战。据说，茶里的销售数据已非常接近立顿，在不久的将来，很有可能实现超越。

立顿在中国，不仅表现不亮眼，而且势头也被中国茶遮盖了：做创新，立顿干不过茶里；做推广，立顿拼不过小罐茶；做文化，立顿又输给了竹叶青；玩模式，立顿又玩不过大益……

立顿虽然顶着全球老大的光环，但是这几年星光暗淡，即使联合利华重拳出击，辉煌也难再现，因此曾经的宠儿变成了现在的弃儿，终于被联合利华当猪卖了！

立顿神话，逻辑上经不起推敲，事实上也经不起比较，似乎可以翻篇了，中国茶是不是可以扬眉吐气了？

事与愿违，立顿神话不但未破，被拿来说事的频率还相当高，走立顿走过之路的呼声在中国茶界还很高。

一个过气英雄为什么还这么受热捧？

其一，当年创造这个神话的媒体势能太高，影响太大，惯性太强；能破者不愿破，敢破者不知如何破，于是人云亦云，流传至今。

其二，批评总比建设容易，批评是事后诸葛亮，以现代标准找过去的缺点是小事一桩，建设却是用未来指导现在，探索未知是难上加难，但中国语境是批评比建设更容易传播，于是很多人借此上位，以批评的出位言论博取眼球，以致"七万家茶企抵不上一个立顿"这一论断被反复拿出解构重组并无限放大至今。

其三，中国营销习惯找可以参照的坐标和学习的对象进行模仿。作为唯一的巨无霸，立顿被盲目崇拜，破了立顿神话会让中国茶找不到方向，这让很多人难以接受。

其四，茶现代化建设才开始，茶发展排序相当靠后，茶企品牌化思想导入时间不长，还处于蹒跚学步阶段，缺乏把这件事说得清楚的人。

立顿是巨无霸不假，但立顿不应演绎成神话。

立顿工业化逻辑也不应是中国茶的底层逻辑。

立顿在中国迷弟迷妹很多，立顿神话对中国茶的伤害还在继续，误导还在延续。

不破立顿神话，中国茶就不会独立思考，就认不清自己，就找不准突围之路。

击碎立顿神话的时间到了！

第二节　立顿的真相，并没有那么美好

一是命，二靠运！

立顿是世界茶中的万人迷，把立顿的成功归结为命运好，估计此时茶界江湖会板砖满天飞，唾沫星子会把田友龙这厮淹死！

诸位看官，莫急，且听田友龙这厮把话说完，让我们拉近距离，把立顿看个清清楚楚、明明白白，看田友龙这厮是言行出位以博眼球还是真能还原立顿真相，届时再拍砖也不迟。

一、大而不强的立顿

立顿之所以让人大吹特吹，一吹再吹，吹成神话，基点是 200 亿元这个美丽的数据，这个数据是茶界的天花板，一直被艳羡，从未被超越！

200 亿元人民币，虽不是美元，也不是欧元，但确实称得上一个天文数字，若分配到 150 多个国家和地区（立顿在全球 150 多个国家和地区行销），那么这个数据是不是就没有那么亮眼？如果再考虑到汇率因素的影响，这个数据还要再打一点儿折扣，可能在一些局部不仅不好看，甚至还有那么一点儿难堪！

立顿这个现象，从营销上讲叫"大而不强"。这就意味着其很容易被

竞争对手在区域市场采用局部强压战术逐点突破，甚至会丢掉整体优势。

这不是推理，而是事实，中国市场就证明了这一点。位居立顿前面的应该有竹青叶、大益、中茶、小罐茶、八马等诸多优秀本土品牌。可以说，立顿全球第一，但在中国可能进不了第一集团。

这一点联合利华应该有深刻体会。立顿在被卖掉之前，联合利华对其有营销力不强之感叹，这或许是联合利华卖掉立顿的原因之一。

二、含着金钥匙出生的立顿

立顿一直是茶界扛把子，开创了地球茶叶奇迹，曾经跑出了火箭速度！

立顿，创立于1890年；1892年开始全球化之旅；1898年就抢占了世界红茶老大的宝座，并且稳坐100多年。即使到了20世纪，比起屡创奇迹的中国速度，立顿速度也有过之而无不及。从1898年起，立顿就背上"世界茶王"的美誉，独孤求败100多年。

之所以会出现立顿奇迹，能力与努力是一方面，更重要的因素是命好，而且是好得不能再好！立顿出生于1890年，而接下来还要半个多世纪英国才被美国从世界霸主宝座上拉下来。在这之前，英国的殖民地遍布全球，号称"日不落"的大英帝国军舰与商船畅通无阻，向全世界输送大英思想和大英产品，立顿也顺势搭上坚船利炮之英国风走向全球。

立顿一出生就赢了，不仅赢在了起跑线上，而且有点儿出生即站在巅峰的感觉！这一点有很多印证，比如第二次世界大战后，美国取代英国成了地球老大，可口可乐这个美国文化与精神的象征，伴着飞机、坦克和美国大兵走向全球，成为世界级品牌。

若无这个历史机遇，立顿的全球化之旅，遇到的挫折可能会多很多，甚至不会有今日的神话。为什么笔者主张立顿学不得，也学不会？就是因为这个环境无法复制，更无法重现。

三、抱对大腿嫁对人的立顿

立顿不仅命好，运气也相当不错，它还成功抱对了一条大腿，一条十分粗壮、人人羡慕的大腿——1972 年，立顿"嫁入"豪门联合利华。联合利华强大的渠道、品牌及运营能力，助力立顿在全球市场更上一层楼，从此世界茶同行只能遥望其背影。

立顿跟随联合利华的脚步，于 1992 年进入中国市场，从此称霸中国茶界 20 多年。有人说立顿品牌强，有人说立顿技术好，有人说立顿推广猛。其实，倘若细而观之，立顿在中国市场的营销动作不猛不巧，也不太出彩，算是"躺赢"的代表。

为什么立顿在中国独领风骚 20 多年？因为立顿有一张中国茶企无法建立、无处不在、伸手可得的销售网络。

20 世纪 90 年代，中国市场卖方时代渐行渐远，渠道开始崛起，并于 90 年代中后期步入"渠道为王，决胜终端"时代，渠道几乎主宰了中国市场近 20 年。直到互联网普及，以现代商超为代表的渠道才开始疲软。

现代商超，是稀缺资源，进场要烧香，促销要磕头，结算要赔笑脸。这个二房东还要钱没商量，茶这种非刚需、低频次、碎品种的类目，进场费用高，保底销售额不低；强攻现代商超的茶企结局大抵雷同——进场费交不起，保底销售额达不到。中国茶基本与现代商超绝缘，直到跨界进入者小罐茶出现。

立顿背靠联合利华这棵大树，这一切不仅不是问题，而且是一个巨大的优势。作为世界级巨头，联合利华与当时的世界零售巨头家乐福、沃尔玛等掰了多年手腕，最后达成"恐怖的平衡"，那一切自然好商量，渠道巨头全球跑马圈地，立顿自然就覆盖全球。中国本土零售业中，联合利华与宝洁占据日化产品半壁江山，是任何一个现代商超都不可缺的流量品牌。本土零售业面对联合利华基本没有讨价还价的能力，对联合利华旗下的立顿不仅要高看一眼，还要礼让三分。于是，立顿用较小的成本，在很短的时间内，高效地完成了对中国市场的整体覆盖。立顿在现代商超几无对手，陈列位好，陈列面大，因此迅速脱颖而出；现代商超主导中国消费品流通近 20 来年，立顿不领先都难！

渠道的作用与价值永远不容小觑。近年，中国茶界出了一个现象级的品牌——小罐茶。中国茶企对小罐茶的反应很喜剧：吐槽者一大片，模仿学习者一大堆！有人认为是大师用得巧，有人认为是颜值牌打得好，更多的人认为是广告轰得猛，这几招很容易学，但还是没出现小罐茶第二、第三，为什么？因为小罐茶有一张覆盖中国高端商场的营销网，这是杜国楹同志几十年奋斗沉淀下来的无形资产，是树立高端品牌形象、连接高端用户的核心界面！

四、自带品牌势能的立顿

立顿神话，另一个因素是我们一直都在仰视它。

中国市场经济的起点是改革开放。改革开放之初，商品稀缺，是卖方市场！这一时期，中国商人做生意十分简单，只要开足马力搞生产，就可轻松赚得盆满钵满！产品稀缺时代，核心是解决有无的问题，质量并不是人们关注的重点，倘若做高质量的产品，反而会因大大提高成本而降低市场竞争力。这也导致在中国市场形成一个不太好的结果——劣币驱逐良币！

正当消费者被无休无止的质量问题折磨得痛苦不堪时，洋品牌带着百年的市场意识，严格的质量管理，先进的市场营销理念来了。中国消费者很快就惊奇地发现，洋品牌质量稳定、外观时尚、功能强大，于是洋品牌成功上位，以高端形象和高品质成功抢占中国消费者的心智。

在这种大背景下，立顿一登陆中国市场，就自带品牌势能，消费者对它是仰视的，甚至是崇拜的，它自然就能获得关注与认可，让品牌与销量齐飞。不仅立顿，很多洋品牌都享受过这种"超国民待遇"，甚至一些国外的亲民品牌到中国摇身一变成了高档品牌，甚至奢侈品牌。立顿登陆中国市场那年，消费茶还有点儿奢侈，喝立顿茶的往往是"双高"（高学历、高收入）人群，而这部分人此后成为各行的领袖，因此带动立顿风潮很多年。现在，这帮人随着中国茶的崛起，开始回归饱含厚重中国文化的原叶茶，立顿在中国开始走下坡路。

五、有"帮兄"与"帮闲"的立顿

立顿历来运气不错，一生都有人为其免费宣传，其中还有"顶流"助拳。立顿刚一诞生，就有维多利亚女王为其助威。正是在维多利亚女王的推动下，立顿才成了风靡英国的下午茶。在中国，也有一众"帮兄"与帮闲，不遗余力地为其鼓与呼，音量还不小，让其赢得十分轻松。

中国市场经济始于改革开放，打开国门引进的不仅仅是西方的技术与资本，还有现代经营思想。中国市场是在西方营销思想指导下建立起来的，中国企业界与学术界对洋品牌一直比较推崇与认可。

中国市场有很长一段时间是比较崇尚洋品牌的，只要一个外国品牌进入中国市场，就有专家为其点赞，媒体为其呐喊，商人全力助其打开市场；可以说，洋品牌基本上不需要做什么，就可以声名远播，实现快赢，而且大概率会久赢。

这股崇洋风刮得猛，刮得久，直到 2007 年，中国成为全球第二经济体，自己的商业思想已开始萌芽。是年，百思买进入中国市场。彼时，正值中国零售业布局早已完成，无论品类战略、推广、门店管理都有一套适合中国市场的体系，可专家与媒体还是一边倒力挺百思买，认为中国家电零售业"土洋之争"，百思买必胜。

立顿是 1992 年进入中国的，找一下老报纸就能看到，有多少人为立顿鼓与呼，也就知道了为什么立顿会成为中国茶的榜样；看一看《杜拉拉升职记》，就会知道为什么相当长一段时间立顿会成为白领的标配，凡此种种，能让人体会到立顿享受了多少"超国民待遇"，知道立顿"帮兄"与"帮闲"团队有多大，势能有多强。

立顿是特殊年代、特殊环境下的产物，是一个时代的企业。

中国茶要尊重它，但没有必要神化它！

第三节　立顿的底层逻辑，中国茶该学什么

"学我者死，逆我者生！"

唐代著名书法家李北海的这句话穿越 1000 多年来到现代，时代赋予了其新的内涵，演变成了一种经营理念，一种后发制人的市场秘籍——逆向

破坏法则。

这句话道出了立顿独步全球,领先全球茶产业100多年的秘密!

要讲清楚这个问题,必须回过头去翻老皇历,正本溯源。

一、中国茶,英国大众喝不起

茶原生于中国,西方世界最早能品到中国茶的是英国。中国茶制茶是技术,泡茶是艺术,喝茶有仪式感,是一种文化性很强的产品,有较高的附加值;中国人要搞懂中国茶都比较困难,万里之外的英国人要搞懂中国茶更是难上加难!茶在英国,曾闹过一个笑话:一位体面的公爵将茶叶煮过之后,滤掉茶水,把它当作菠菜一般的蔬菜端上餐桌。

茶有文化性和艺术性,让当时英国的普通老百姓无时间也无心情更无高深的文化修养去弄明白,有时间、有修养的只能是王公贵族。加之,当时中国茶又稀缺,较高的附加值决定其价格不菲,喝茶是十分奢侈的,只有上流社会才有这个支付能力。因此,茶开始流入英国时只有皇室贵族才有资格享用,普通百姓只能想象,根本接触不到。

消费的常识是穷人看富人,富人看贵人!在常识面前,全球都一个样。英国的茶叶消费当然也逃不过这个普遍规律。平民对上流社会生活的向往,从学习他们的生活方式开始。于是茶叶开始从上流社会的专享产品渐渐演变成全民生活标准产品,喝茶风逐渐在英国各个阶层兴起。

此时,茶是昂贵的,茶要用精美器具冲泡才显得精致,喝茶需要时间与美好的空间才能喝出优雅,一句话"喝茶耗时间费金钱"!普通大众喝茶引发奢靡风的流行,是透支式消费,是一种社会病!于是纳斯·汉威等社会公知认为喝茶这事儿,既浪费时间,也耗费金钱,没准儿妨碍工业发展,甚至还发起了"反茶运动"。

二、工业化,奢侈的茶平民化

茶是幸运的,因为在全球化流动的首站来到了英国。此时,英国工业革命已完成,社会比较富裕,因此就有了温饱之外的其他需求,包括代表品位的茶,并且这个需求很强烈。

英国不产茶，因此没有农业的负担，也因此才可以打破茶农业属性的底层逻辑，以工业化思想重构茶。工业革命让英国技术领先，更重要的是其思想开放、理念先进，因此才有实力和能力突破农业思维用工业化观点看茶。英国是全球霸主，一张商网遍布全球，虽然不产一片茶叶，却可以用低成本整合全球茶资源，才使拼配有坚实的基础。工业革命建成完整的产业链，分工协作流水线生产才得以实现。

立顿搞茶叶创新，针对的不是喝茶已成为习惯的贵族，而是在工业线上忙碌的生产工人。他们虽然有强烈的喝茶愿望，但是既无时间，支付能力也差，还缺少细品茶的条件。工业化思想加上现实的需求，立顿走出一条全新的道路：全球整合资源，用拼配摆脱产地依赖，降低成本，形成标准产品；制成碎茶，简化冲泡，喝茶更快更便捷；流水线生产，摆脱人工生产的劳累，品质稳定，获得良好的规模效应。从此，同一配方、同一个口味，低成本高效率的工业化茶就诞生了。

立顿诞生之时，英国工人与资本间的矛盾开始突出。为了缓解这种矛盾，英国女王在生产工人中推行下午茶，茶由此在英国全民普及。工业时代，全球唯英国马首是瞻，随着英国向全球输出工业化思想，基于高位的文化势能，下午茶这种英伦生活方式的代表，必然得到英国跟班与小弟的认同，立顿自然走向全球！

三、逆向破坏，迟到者的竞争逻辑

立顿这点经营之道，很早就有人看得清清楚楚、明明白白！这个人就是荷兰学者熊彼特，他在1912年最早提出破坏性创新。

破坏性创新，讲的是迟到者后发制人的竞争逻辑，先行者一般有领先优势，后发制人者用不着也不必去正面侵犯主流市场，因为代价太大；必须换种思想，抢先行者不要的顾客，营销上称为"非消费者"。

非消费者对于产品是有需求的，甚至需求还比较强烈，但是市场上这类产品的价格往往超出了他们的承受能力。因此，唯有改变生产方式，找到一种新的生产函数和模式，创造有破坏性的新产品——更便利，更低价，满足非消费者的需求。随着产品性能的改进，原来对产品性能比较挑剔的主流消费者也逐渐脱离原来的价值网络，进入这个从最不挑剔的市场层级发展起来的新产品网络，这种模式就叫"破坏创新"，也叫"逆向破坏法"！

破坏性才是第一法则！植物界、动物界、人类社会概莫能外！你越有破坏力，生存能力就越强，就越能获得别人的尊重。

其实，不仅仅是茶，很多品类从一隅走向全球，遵循的都是这个逻辑，后发展国家产业要突破原生产业市场也遵守这个道理。

以啤酒为例，啤酒的起源地是美索不达米亚平原，但绝大多数消费者将这笔财记到德国头上。因为，1480年，以德国南部为中心，研发出了发酵法，自此啤酒质量有了大幅度提高，啤酒制造业空前发展；到1830年左右，德国的啤酒技术人员遍布欧洲各地，也将啤酒工艺传向全世界。

德国是现代啤酒的发源地。过去到现在乃至未来，啤酒将一直渗透在德意志文化中；德国啤酒与中国茶十分相似，大大小小、形形色色、数不清的啤酒园、啤酒屋、啤酒馆、啤酒村、啤酒城和啤酒广场遍布德国各个角落。德国现有1500多家啤酒厂，其中，有900多家为微型啤酒厂。统治世界的啤酒是百威、嘉士伯、喜力等品牌，其也是运用工业化、标准化、规模化破坏德国的小品牌和小作坊而成功问鼎世界的。

立顿与德国啤酒的例子都是以低价颠覆原生产业，很容易误导大家，让大家以为逆向破坏就是用低价玩颠覆。其实，逆向破坏是迟到者或落后者后发制人的优选竞争策略，是站立在领先者的对立面，有正向破坏和负向破坏两种玩法。如果当下市场是低价流行，就重构一套体系发动价值战，这叫"正向破坏"；如果当下市场是高价大行其道，就创立一套低价体系发动价格破坏，这叫"负向破坏"。

一个典型的案例是哈雷摩托车。成立于1903年的哈雷是美国摩托车行业的塑造者，但是在1970年它遭遇了廉价商品化的陷阱。在这个节点上，基本上是廉价摩托车主导市场，哈雷的市场份额也一滑再滑，其在廉价商品化的陷阱中苦苦挣扎。哈雷的突围之道就是摆脱"廉价陷阱"，重新发掘消费者价值，以文化重塑品牌并保持高价位路线，成功登顶为奢侈品牌让人景仰。

四、中国茶，学立顿精神而不是方法

中国茶走进大时代，面临千年一变的大机遇，要重回世界之巅，立顿这座大山就必须翻越过去。那应如何打败立顿呢？

第一，学立顿的方法，走立顿走过的路。由于中国市场体量巨大，加之中国企业对本土市场的精准掌控和快速反应，绝对具有把立顿这个王者拉下马的可能性，但竞争会十分惨烈，代价会非常大，而且这个赛道容量有限，只能是少数人玩！

第二，要学立顿的精神，走逆向破坏之道，即不走立顿走过的路，而是站在立顿的对立面。走逆向破坏之道就必须从产业基因出发，根据用户的需求调整自己的经营策略，建立"农业+文化茶"的价值体系，用价值对抗价格，这是中国茶参与全球竞争必须走的一条路，也许这条路更容易打败立顿。

第四节　立顿元规则，反思中国茶的全球化

元规则，就是规则背后的规则！

品牌元规则，就是光鲜的品牌表象后面隐藏的暗原则。

品牌表象，其实只让你看到热闹；而品牌元规则，却让你接近事实的真相。

立顿是响当当的大品牌，曾经我们把鲜花、掌声和聚光灯都给了它，互联网时代我们又毫不犹豫地给了它宝贵的流量，立顿在中国一直是受人追捧的明星，享受"超国民待遇"。

盛名之下，立顿有点儿让人看不懂！立顿在中国被吹成了神话，但它给中国茶界带来了什么？

立顿以技术起家，其核心是 CTC 技术，就是将茶叶碾碎、撕裂、揉卷，制成极小的颗粒状的制茶方法。技术日新月异的今天，这一技术早已无秘密可言。除此之外，几乎没有看到立顿的新技术。

立顿以擅长把握市场著称，以"光明、活力和自然美好的乐趣"的定位巧妙地打开了欧美市场，但是这个定位在茶叶原产地中国并不精准，给消费者的感觉是并没有宣传得那么友好。

立顿在全球市场以营销见长，可是看一看它在中国市场的表现，其产品并不新，营销并不巧，推广也不多，对中国茶产业几乎没有理论与思想贡献，作为全球产业领袖，其实是有缺失的。

立顿纵横全球 100 多年，至今未被超越，除了我们经常听到的技术论、品牌论、思想论，立顿还有一种不愿宣扬的力量支持其纵横全球，这个力量就是品牌元规则。

一、文化软暴力法则

立顿全球遥遥领先，制胜之道不在技术。

立顿横扫天下靠的是文化，当然此文化不是品牌文化！要讲清楚这个文化是什么，就不得不翻阅历史，从历史说起。

中国可以说是地球上品牌的老祖宗，独领风骚近千年。鸦片战争前，中国一直是世界的中心，欧洲野蛮的海盗、温情的庄园主，无一不在中国品牌面前低头，不管他赚的是辛苦钱还是血汗钱，统统为中国制造买单。

为什么？

冷兵器时代，中国是世界的绝对老大，在经济、军事、文化方面甩开了其他国家 N 条街。倘若中国一生气，后果会很严重；倘若中国一高兴，输出文化与商品，天朝上国的优越就会表现无遗。很长时期，中国以军事为基础，以德服人，整个世界被征服，掌握着世界话语权和商业定义权，于是中国丝绸、陶瓷、原叶茶都成了全世界仰慕的品牌。

但是自鸦片战争开始，我们才突然发现我们那一套过时了，玩不转了！我们提出"师夷长技以制夷"，开始学习欧美文化，以它们的价值作为我们的判断。从此，欧美就成了世界品牌的中心。

社会开始进步，世界告别野蛮生长，欧美诸强对暴力进行升级与包装，向全世界输出它们的"民主、自由"。如果你不认同欧美诸强的文化，它们就会让你体会到什么是新时代的"逆我者亡"，于是欧美文化在全球多数地区畅通无阻，欧美诸强的商品被全球追捧。

立顿之所以一出生就走上国际化之路，正是因为当时英国拥有世界话语权！立顿也因此有了重新定义茶叶的文化霸权。如果没有颠覆文化上的话语权，那么无论在工业化制茶这条赛道上多么努力都没有可能在全球把立顿拉下马。

二、被迫趋优法则

对于洋品牌，中国消费者认为其"品质卓越"，我们也因此曾经景仰它们，也很热爱它们，于是一买再买，根本停不下来。

洋品牌，不是"同桌的你"，更不是"睡在上铺的兄弟"。洋品牌漂洋过海到中国，不是做公益——教中国企业如何做品牌，更不是做慈善——让中国消费者免费用上好产品，它们的目标相当粗俗——赚钱，并且只要可以躺着赚钱，就绝不站着赚钱。

无论是响当当的全球领袖，还是安于一隅的区域品牌，只要一到中国就会变脸，引以为傲的高标准、严要求不见了，什么安全门、质量门，一门接一门，层出不穷，让中国消费者挺闹心。更让人生气的是，人家还可以利用规则理直气壮地这么干，可见其对用户并没有那么友好，其宣扬的价值情怀值得推敲。

洋品牌在出生地（一般是发达国家）做事是小心谨慎的，也的确是高标准、严要求的，但千万不要认为其道德高尚、心地善良，这一切都是被迫的。发达国家高手如林，竞争激烈，法律法规健全，消费者能得到很好的保护。在这种市场环境下，做坏人成本高，稍有闪失就会被虎视眈眈的对手取而代之，其实是被逼做好品质、好品牌，田友龙这厮将其定义为被迫趋优法则。

洋品牌大量涌入之际，中国市场化才拉开序幕，行业的集约度不高，竞争对手不强，它们很多可以轻易打遍中国无敌手。加之当时信息不对称，中国消费者意识不强，对洋品牌本能地崇拜。更重要的是，中国的法律法规不健全，有漏洞可钻，洋品牌有强大的营销与公关技术，出点儿问题也比较容易安抚市场和消费者的情绪。

洋品牌到中国会入乡随俗（市场化初期的低要求），一般都放宽点儿标准，甚至放弃一些原则，但仍会获得拥护与认可。这就是洋品牌的合法伤害权，立顿也不例外，它在中国领先很多年，原因就在于吃这个红利吃得多吃得久，直到现在还在吃！

立顿曾经利用中国法规的不完善，让其在涉嫌的"双标门"中全身而退，市场份额基本未受损。立顿后来越来越小心，争当一个好的公民企业，因为中国本土茶企大发展，已有可以取代它的茶企，它才不得不小心谨慎行事。

因此，要终结洋品牌这个合法的伤害权，一要完善市场管理机制；二要在中国本土培育出强大的品牌集群，要有与洋品牌掰手腕，甚至把它们拉下马的能力，让其被迫趋优，除此之外别无他法。

三、"帮兄红利"法则

立顿在中国其实并不努力：做创新，没有茶里那么巧；做文化体验，没有竹叶青那么强；做推广，不及小罐茶猛。

立顿，在中国真是比较钝，对市场变化并不敏感，反应比较慢。比如，中国袋泡只有4%的份额，却死守不破圈；近年，中国IP大热，流行很久后，立顿才和《哆啦A梦》搞了一个联名版。茶的用户一般比较成熟，即使袋泡立顿的用户也一样，而《哆啦A梦》的观众是孩子，这二者基本无交集。立顿之钝，让明白人看傻了眼。

虽然立顿不太努力，但无论在中国还是全球市场都很成功，这有点儿让人看不懂，究竟是为什么？

其实这里面暗含立顿等洋品牌可以躺赢，但其一直严防死守的另一个规则——"帮兄红利"！

人都有敬英雄、尊强者的本性。英雄与强者当然有过人之处，由于晕轮效应，我们会认他们是完美无缺的。为了维护这种形象，粉丝点赞、应援、反黑那是家常便饭；甚至会突破原则与底线，掩盖其缺点与无中生有为其创造优点。

田友龙这厮将这种现象称作"帮兄红利"，帮兄红利力量很强大，甚至有颠倒真相的能力。

帮兄红利是一种社会心理学现象，社会如此，商战也如此！帮兄红利在社会中属强者专享，在商战中由发达国家与地区独占。

曾记否，立顿等洋品牌一到中国，首先会获得一大批专家的点赞，专家一点火，媒体必定来扇风，媒体一扇风，商界同人必来添柴。于是洋品牌一到中国就自带很大势能和流量，而且稍带做两个小动作就会一飞冲天，甚至身价倍增。

立顿是帮兄红利的受益者，却不一定是最大受益者。有很多外国品牌，在国外属平民品牌，但一到中国身价倍增，居然成了高端品牌甚至是奢侈品牌，这就是拜帮兄红利所赐！

"七万家茶企抵不上一个立顿"，逻辑上经不起推敲，也早已不是事实，但能流传至今，就是帮兄红利的体现。帮兄红利也是立顿可以纵横全球的原因之一。

立顿因为英伦下午茶而走向全球。而立顿为什么能让英国全民养成喝下午茶的习惯？立顿厉害是不假，但事实上因了助推者太强大。

立顿史上最强大的帮兄当属维多利亚女王。她认为，下午茶可以有效缓解人们身体上和精神上的巨大压力，可以让人在一种相对安静和轻松的环境里体会与回味人生；在工作之余，可以使身体得到全方位的放松；而茶饮料也具有保健作用，有助于提升全民的身体素质。所以，她提倡全民都来享用下午茶。

那个时候的女王可不是什么吉祥物、橡皮图章，而是真正的领袖。高势能加持才让英伦风行下午茶，才有走向全球化的立顿。

四、从立顿反思中国茶的全球化

中国茶虽已在中国本土超过立顿，但仍挺不起腰杆，原因就是中国茶只会家里横，拿不出一个可以在全球有影响力的品牌。

尽管中国茶全球化的梦想十分强烈，但当下中国茶参与全球化竞争是原料输出，其核心是性价比。伴随中国社会结构的变化，性价比早已不是中国市场的核心逻辑，国外市场很难接受现在的中国茶品牌输出，这让茶界同人感到很迷茫。

从立顿成功之道我们可以看到中国茶全球化的路径，那就是文化软实力输出，中国茶的全球化之路必须与中华民族伟大复兴同步，才能真正回到世界之巅。

真正打败立顿的不是茶，而是一个国家民族的复兴！

第五节　立顿的黄金时代已远去

时代抛弃一个企业，连招呼都不会打！

当企业被时代抛弃时，该怎么办？最好的办法就是当猪卖。

2022年，茶界发生一件大事——联合利华卖掉立顿，以上观点就是作为一个茶界旁观者对这件大事的结论。

立顿是全球茶界的扛把子，十来年一直原地踏步，联合利华找了一个很好的理由，"作为一个独立的实体，茶业务可以最大限度地发挥这种潜力"，而果断当猪卖给了CVC。

美丽的说辞掩盖了一个真实。我们从联合利华这些年买进与卖出的诸多案例中可以看出一个规律——买进是为未来布局，卖出都是品类相当成熟甚至还有点儿老化的，科技水平比较低，营销能力要求也不高，自己再怎么努力也是无力回天的产业，于是便割肉套现离场。

联合利华之所以套现离场，是因为立顿疲软；立顿疲软不是因为联合利华不努力，而是因为属于立顿的时代结束了！

一、社会生产方式变了

立顿起步时全球刚由农业社会迈入工业社会，物资还相当稀缺，有相当多的人还在为温饱这个最低生活目标而奋斗；工业化是用社会化大生产低成本、高效率地解决人类最基本的需求。全球思想大抵都是基本需求功能第一，于是低成本、低价格把同一个产品卖给地球上的每个人。

立顿是工业化的典范，它用工业化标准配方思想，分工协作、流水线生产改造茶，生产出低价格、大规模的标准茶，在同一个世界，用同一个产品，发出同一个声音，泡出同一种味道，吸引非顾客，引发全球品类扩容，从此走上世界之巅。

21世纪，全球跑步式进入信息社会，整个社会资源由稀缺变得丰盈，温饱基本不是什么问题，加之教育机会均等、知识自由，个体得到尊重和认同，地球上的人从集体中走出来，个体开始崛起，重组商业底层逻辑——个性为王。为满足个性需求，"大规模定制"生产闪亮登场，小批量、多品种的柔性生产模式让世界变得丰富多彩。从此，我们生活的世界与标准说再见。

立顿在工业时代赢了所有对手，却与信息时代的基因相排斥，即使联合利华这尊大神全力出击，也无力回天，因此联合利华使出"走为上计"，与这个产业果断说再见。

二、顾客革命了

立顿虽未在中国成功全面占领家庭，但是有骄傲的本钱——曾经立顿是白领的标配！《中国质量万里行》的一篇报道中说：当年的"潮人"70后说，"不上班的周末，还能干些什么呢？就是音乐和立顿"。

曾经，立顿在中国写字楼里的办公桌上处处可见，如今如果是人到中年不得已，那就保温杯里泡枸杞；如果是年轻人追求点时尚，杯里就把花果茶放；如果年纪比较大，泡原叶茶才有品位和文化……

立顿为什么悄无声息地溜出了办公室，因为顾客革命了！

信息时代，全球从纪律社会集体变为民主社会，个体得到认同与尊重，制度法规设计落实到了"个人"，鼓励个体能动性、创造性发挥，个人从集体走了出来，开启了个人治制新模式。

信息时代社会财富丰盈了，教育普及了，时空的距离消除了，全球交流越来越广泛也越来越频繁，文化在全球自由流动，从开始的碰撞、抗拒，到中间的相互作用，最后相互包容，形成全球文化共生，一体多元，人们成了文化杂食者。

个体崛起，文化杂食，这种生活方式和态度又必须借商品来表达，因此新商业必须从个体出发。这就引发了商业的革命，以前宏大的线型市场解体，分解成为离散的碎片，甚至为粉尘。曾经赢家通吃的局面一去不复返，一个标准产品打天下的日子结束，个性化产品将大行其道，新物种将层出不穷。

顾客革命了，因为拒绝撞脸，所以标准划一的品牌已不入他们的法眼，除非自杀重生，立顿的黄金时代已不可能再现！

三、渠道解构重组了

立顿很厉害，至今它还体现着那句老话"瘦死的骆驼比马大"。

立顿有"三板斧"：一是拼配，因为拼配才让一个产品卖遍全球；二是低价，立顿承诺无论何时何地，你买到的都是同样的立顿，且价格比同类产品便宜一半；三是渠道，立顿拥有一张覆盖全球的营销网，这一点其他企业很难做到。

立顿的研究者和迷信者似乎都有意无意忽略了一点——渠道。

立顿立身之本是渠道，以家乐福、沃尔玛领头的现代商超曾是全球商业的翘楚，在相当长时期主导了渠道为王的商业时代，而立顿是最大受益者之一。家乐福等现代商超是工业化的产品，是空间价值的践行者，它们追求口岸，抢占核心圈，其核心逻辑是货比三家。

信息时代，消费追求的是时间价值，戳戳手指就可以"不动而获"。新一代消费者还追求沉浸式的场景购物体验，即在信息流、产品流、业务受理、支付系统、服务流程等体系中植入体验，带着仪式感和情绪，核心是链接，这就是所谓的新零售。家乐福等零售巨头的强大路径依赖让其对已到来的场景新零售变化视而不见，从交易空间到追求时间价值上并没有太大作为，因此沃尔玛与京东联姻，走"曲线救国"路线，大润发直接投入阿里怀抱，家乐福（中国）被苏宁收入囊中。

现代商超解构，与互联网企业联姻，其实是好事。线上渠道连接能力强，覆盖面广，可以消除时间与空间距离；线下渠道服务好，仪式感强，能带给人们更佳的体验。运用"多屏+多传统渠道"建立立体渠道，将信息、体验、决策、下单、付款、收货、售后等购买全流程节点分布到不同渠道中，让每个节点都有连接能力，每个具体节点都用最优化的渠道来表达，让消费者自由购，让消费过程的愉悦性最大化，渠道成为圈占消费者的平台，只有这样的渠道才能决胜未来。

立顿似乎抓不住这个重组的机会，因为工业化包袱太重，数字化基因明显不足，无论是产品创新，还是"颜值经济"，立顿都显得比较钝，被茶里等品牌甩开很长距离，曾经的优势变成劣势，即使在袋泡这个窄众市场，被超越也只是时间问题。

四、一个过去式的产品

立顿与所有成功者一样，有严重的路径依赖。其所谓的"洞见"与"创新"，基本上就是在袋泡这个产品上打转转，没能意识到袋泡也是一个时代的产物、一个过去式的产品。

其一，袋泡赛道在收窄。英敏特的调研报告指出，2017年，大多数中国消费者（78%）更偏爱购买新鲜制作的散装茶，中国袋泡只有4%的份额；放眼全球，袋泡占有率也在持续下滑。袋泡这个赛道在收窄，未来不见有多光明。

其二，CTC茶的核心竞争力是便宜。过去的成功手段在现在可能是绊脚石，因为随着经济社会发展，人们消费理念与能力的提升，曾经的便宜变成廉价、低品质的代名词，这也让碎茶在东南亚越来越不受人待见，也在全球日渐疲软。

其三，袋泡风行全球，便利是核心竞争力。当然，这有个前提，就是19世纪和20世纪，相较于原叶茶的优势，消费者的选择不多。而21世纪有很多新物种，袋泡与即茶饮相比，口味、便利上的优势荡然无存；与原叶茶相比，袋泡又缺少点儿仪式感，因此爱袋泡的人自然更少。

其四，袋泡是工业化时代的产物，追求的是标准统一和可规模化的大单品。可是信息时代的消费，个性崛起，小而美的产品才受欢迎，因此市场碎片化是趋势，不仅仅是茶，很多标准化产品也被瓦解，立顿赖以生存的基础已开始塌方，未来将不复存在。

立顿是一个有历史感的品牌，可历史本来就是用来翻篇的。

面对一个时代的结束，唯有自杀重生，否则难逃新陈代谢的基本规律！

第六节　中国茶，路在何方

有破必有立，立顿神话击碎了，中国茶立得起来吗？

破立顿神话很容易，几篇文章就能搞定，立中国茶却很难，相当难！

立顿是中国甚至全球茶界的唯一参照坐标，砍倒这面旗帜，全球茶都将进入无人区。

全球茶从此翻开新篇章——无人领航，无既定规则。

无人区，本是企业成功登顶后的发展方向。中国已有诸多企业走过，程序一般是这样的：起步、追赶、迫近、并驾齐驱，最后超越所有对手来到无人区。通常来到无人区的企业已有足够的累积，即使一无模式，二无路径，三无参照坐标，也有足够的能力、实力去探索未知，找到一条属于自己的路，在全球放光彩。

中国茶有一点儿尴尬，来到无人区时，才摘掉"七万家茶企抵不过一个立顿"那顶耻辱的帽子。虽然有中茶等一批优秀的茶企在中国市场成功超越立顿，但超越群体数量并不大，放在全球坐标下，立顿这瘦死的骆驼比中国茶企这匹马大，而且大得太多。

中国茶来到无人区，实力一般，年岁尚小，最多算青春期，能力也不太强，对现代营销思想的理解与掌握也有限，又不得不提前去闯一条无人走过的路，未来有相当大的不确定性。

中国茶，要做大做强做长，重回世界之巅，路到底在何方？

一、中国茶探索的四个方向

茶是中国原生产业，是华夏文明符号。乡村振兴战略背景下，茶已成为农业品牌化的排头兵；在国家战略的强力推动下，茶已从冷门产业变成热门产业，新技术、新思想、新模式得到积极实践，中国茶正在积极探索成长之路。

1. 技术的探索

中国茶的基因是农业，现在还停留在半手工半工业化制茶时代。21世纪是科技时代，物联网、区块链、大数据、云计算、人工智能等技术日新月异，成功革了许多行业的命。对比其中的差距，中国茶需要技术力量，从栽培技术改良、品种优选到智慧茶园建立、智能化加工、数字化销售，从茶园到茶杯，都要进行全面技术赋能，这样才能获得实际效果，从而提升竞争力，重建行业格局。

当然，中国茶需要用技术把人们从繁重的劳动中解脱出来，更需要用技术创造新物种。从市场角度来看，科技可以提高品质，但技术人人用，就只能提高成本，不能提升竞争力。科技理所当然在我们每个人身上留下痕迹，但很多都已成为过眼烟云，仅留下一些浅浅的印迹而已，而真正让大家内心泛起惊涛骇浪的是那些触及人性的方寸之地、最柔软之处的东西。科技进步是不可逆转的潮流，然而科技的适应性却有高下之分，地球上如茶这种原生产业，对技术的融合相对较低，联合利华其实早就认识到茶对技术与营销能力要求较低。

中国茶需要技术，中国茶企业要相信技术，但不能迷信技术，只能把技术当成品牌的基石之一，不能以技术代表整个品牌系统。

2. 标准的推广

中国茶的老大难问题是太复杂，茶树品种多如毛，技术繁如星，茶类产品多如云烟，买茶、喝茶、评茶显得十分困难，因此开启的标准化之旅力求让茶说得清、喝得明。

中国茶缺标准，得分两头说。

后端生产上，中国茶有标准且多而全，覆盖全茶类、生产加工、内含物质检测方法、农残和污染物限量标准、通用包装及物流运输。

前端营销上，中国茶确实缺标准，消费者没有判定的标准。问题是，茶类消费本来就是一个感觉型的事，千人千味；信息社会，个体崛起，市场是碎片化甚至粉尘化的，很难建立一个标准来覆盖，事实上全球所有原生产业都面临这个难题——产业碎片化，市场粉尘化，且至今还未找到标准化的解决方案。

对于"茶叶标准缺失"这个问题，中国茶在努力，探索很长时间依然不一定能解决。因此，基于多如云烟的个性茶来做品牌、做大企业，更有现实意义，也符合目标远大的茶从业者的经营思想。

3. 快销的实践

中国茶基因里带的是慢节奏，而21世纪是奔跑的年代，茶必须与时俱进，与慢说再见，走上由消费文化主导的流行市场。中国茶开始快销实验：用快文化更改茶的慢文化，用简约产品代替复杂产品，在价格上打亲民牌，走广覆盖的市场路线，让冲泡更便捷。

快销这条路很难走，原因有三：一是建立广覆盖的渠道体系是茶企不可承受之重；二是快慢两种文化体系冲突太大，调和起来太困难；三是消费既走简约化道路，又走复杂化路线，让人看不懂。

从全球化视角来看，立顿是为数不多实现茶叶快销的企业，但是从其多年发展疲软的事实可以看出，快销的黄金年代已经过去，快销这条路的可行性需要重新论证。

4. 创新的干法

茶是传统产业，中国一干就是几千年，中国茶的神奇之处在于能坚守传统，融合新思想，结合新技术，与时俱进迭代和创造新物种，才使得中国茶几千年来一直生机勃勃。

中国茶善创新，这不是杜撰，而是事实。中国茶算不上开放但也不很保守，对新思想和新事物接受不快但也不慢，其一直都在积极实践，运用新技术、新工艺开创新物种，如八马推出了即溶茶，湘茶集团发力速溶茶，正山堂打造冻干茶粉……至于当下火热的新式茶饮，传统茶企也没缺席。比如，2014年，大益茶庭就在广州、福州、厦门等地陆续开业新式茶饮店，此后还升级探索推出品类TAETEA Pu'er&café；新茶饮路上大益并不孤独，湘茶创新性地将"现萃鲜茶饮""时尚工夫泡""现代茶商品零售"完美融合，推出新一代茶空间——茶守艺。

由此可见，中国茶不缺创新的基因，也有创新的路径和方法，然而中国茶也用行动证明了创新是九死一生的活！在中国茶的所有创新中，除了新式茶饮有所作为外（那是另外一条赛道，与茶相关性并不大），其他创新，如深加工、萃取物、速溶茶，先烈多先驱少，探索的意义大于商业价值。因此，中国茶必须学会两手抓，一手抓传统，一手抓创造，用传统夯实当下的基础，用创新试错之法寻找未来，这才是中国茶的正手。

二、中国茶成长新探索

中国茶能否实现复兴，其突围之道在哪儿？

产业突围的基础是企业突破，企业突破的引擎是品牌崛起，因此弄清楚品牌的本质，从品牌的本质出发，解决问题就不会太难！

1. 品牌是一种信仰

品牌是一种信仰。品牌的伟大之处，不只是把别人的钱装进自己的口袋，也是把自己的思想装进别人的脑袋。思想的载体是文化，文化是品牌的 DNA。文化是一种神奇而又神秘的元素，它在物化功能上加载着一种精神，植入一种价值观，载入一个梦想，创造不一样的生活方式，增强消费者对品牌的敬意与向往，被执着地追捧，让品牌变成一种信仰。

放眼全球，强势品牌无一不打文化这张牌。立顿等洋品牌横扫市场的背后，正是其文化代表欧美价值观源源不断地输出，其如春风化雨，拥有比 Logo 甚至产品本身更强大的吸引力，即使人们被掏空钱包后还要不断地点赞，这才是品牌的最高境界。

2. 茶叶的王牌是文化

茶是原生产业，科技含量不太高，但历史悠久文化很丰富。茶文化是物质文化、精神文化、制度文化的结合，具有社会性、民族性、普遍性，承载的价值观念、审美情趣、生活方式深深地植根于本民族群众中，体现出物质与精神、高雅与庸俗的交融，是简单实用与休闲的完美结合，有广泛的市场基础，生命力极强。也正是如此的茶文化才使中国茶历经几千年起起落落，依然能生机勃勃，发展和张扬自己的个性，吸引着世界的目光。

文化是中国茶的底牌，也是中国茶的王牌。

他山之石，可以攻玉，现在中国市场已成长起一批可以与洋品牌掰手腕的大品牌，其身上无一不流淌着中华优秀传统文化的血液。"两乐"水淹七军，中国碳酸饮料全军覆灭，即使宗庆后手握强大的联销体，非常可乐也只有且战且退，现已基本出局，而真正能撼动"两乐"领导地位的是从中国传统文化中找到灵魂的凉茶。宝洁、联合利华等世界日化巨头，全球少遇竞争对手，近年来面对用中国文化培育出来的花西子等品牌的冲击，也没有什么办法应对。

可见，民族的才是世界的，这是中国茶的 DNA，是中国茶重回世界之巅的法宝。

3. 中国茶走跳跃式发展之路

中国茶是后发展产业，如何才能后发制胜？社会发展理论告诉我们，后发制胜需要向前看，跳越某个阶段，抓住社会变革的机会，在全新的起点同步竞争。

21 世纪，全球跑步进入信息时代，中国茶虽未完全工业化，但也不必补工业化这一课，更没有必要死磕工业化。中国茶应该跳跃式发展，用信息社会的逻辑重构中国茶，用全新的思维参与全球竞争。

中国茶的底子是农业，基因是文化，特点是个性化，这在工业时代是缺点，但在信息时代是优点，个性与信息化时代个体崛起高度匹配。因此，用文化将茶与用户生活场景进行链接，把茶变成生活信仰和用户的自我映射，才是信息时代的品牌基本法则，是茶叶品牌制胜之道！

这才是中国茶的真谛，中国茶的崛起之路。

第二章　寻找中国茶的真谛

　　茶是用户的，必须从用户出发，换上用户的眼睛看茶，装上用户的心感受茶，才能洞察本质，看清未来，找到茶叶品牌建设的路径与方法。

第一节　个体崛起，激活柔性定制

个体崛起，定制当立，这是日本"战略之父"大潜研一研究互联网时代发现的一片新蓝海。

大潜研一发现，21世纪的日本，年轻人想要一个人生活，中年人爱上一个人生活，老年人必须一个人生活，网络化连锁效应形成了一个巨大的一个人经济体。

其实，这不是日本独有的现象，全球皆有。2021年，《中国统计年鉴》研究指出，2020年，全国共有家庭49416万户，其中，"一人户"家庭超过1.25亿户，占比超过25%，中国同样开启了个体时代。

个体时代，不仅仅是一个人单独居住那么简单，其背后是思想改变，更是认知模式的变化，甚至是行为模式重组，是多重力量推动下的人的革命。

一、人的革命，个体崛起

若问21世纪最伟大的技术是什么，很多人会想到互联网。无可厚非，互联网确实是一个强大无比的工具，优化了很多行业，但它不能算作最伟大的技术，因为它没有让行业产生变革。

21世纪最伟大的变革是个体的崛起，从"我们"到"我"，个体不再微不足道，个体社会正在崛起，社会变得越来越个性化。

"个体崛起"虽是四个字的一句话，但说来话长。

人类是个纪律社会。人类的起点能力不足，工具不强，必须同吃同住同劳动才能生存。后来，人类社会进入工业社会，流水线作业，实现分工的同时也必须合作，个体离开集体仍寸步难行。因此，个体必须守纪律，服从集体，以致个性被压抑，个体很长时间就是一个统计学上的数字，比较呆板。

进入21世纪后，科技日新月异，移动互联网普及，全面融入生活，并发生极强的化学反应，产生了强大的驱动力，让个体从集体中走了出来。

第一重驱动力：生产方式的变革。21世纪，新材料、新技术得到广泛运用，原生产模式被解构，众包众创等生产方式大行其道；远程协作打破集中办公模式，SOHO模式流行，一人公司层出不穷。从此，人可以脱离群体生存和生活。

第二重驱动力：文化自信。21世纪，互联网的链接力，让地球变成一个村，全球交流频繁，文化自由流动，经过碰撞与融合，形成了一体多元的新文化。新文化更自信，更认同个体，更尊重个人价值，更鼓励人们解放思想，彰显个性，独立个体形象在社会舞台闪闪发光。

第三重驱动力：经济丰裕。21世纪，社会丰裕，人们不仅思想自由，更重要的是腰包鼓了，可以为自己的喜好买单。有物质基础，个性才能自由绽放，从此世界变得多姿多彩。

第四重驱动力：制度保障。21世纪，人们生活的社会越来越民主，越来越鼓励自由，个体得到认同与尊重，国家制度法规设计落实到了"个人"，鼓励个体能动性、创造性发挥，同时要求个体为自己行为负责。从此，享有独立权利的个体开启了个人自治新模式。

这四重驱动力十分强大，使个体从集体中独立出来并闪亮世界！

二、个体世界，定制化产品表达

21世纪，个体崛起，个性解放，人们有彰显个性的强烈意愿，也有表现个性的环境，更重要的是有突出自己的实力，人们希望我就是我，是颜色不一样的人间烟火，我有我性格，我有我风范。

个体独立，活出自我，基本原则是围绕自己的日常生活建立起一个小世界。21世纪是商业社会，任何一种生活态度都必须借助商业表达，任何一种生活方式都必须借助商品实现。消费者的革命对商业有了新的要求——用商品将个性化的梦想和与众不同的生活方式表现出来。

个性时代，每个人都有属于自己的个性与时尚密码，拒绝撞脸，更拒绝撞衫，每个产品都追求自己的独特识别性与个性，能识别、有个性才能获得一切！

个性时代，不仅对产品功能有更高要求，更希望产品是自我情绪的一种倾诉，承载着自我情感，代表着一种生活方式。

产品与个性化需求匹配融合，需要将情感的复杂性、功能的多样性等映射到产品上。产品的个性化强，那么规模必定小，这成为新时代产品的一大特点。

个性是跳跃的，也是多变的，因此表达个性的商品是动态的，必进行更新与迭代，产品小批量、多品种、快变化成为新常态！

个体时代必须建立弹性生产体系，在同一条生产线上通过设备调整完成不同品种的小批量生产任务，既满足多品种、多样化的要求，又有成本优势，这在现代经营上叫"柔性生产"，这种生产模式就是批量定制。

曾经这是个可望而不可即的任务，信息时代一切皆有可能。

运用大数据技术、人工智能技术和新材料，就可以把流水线变成柔性制造和生产，变批量生产模式为给单个客户或微众小众客户小批量多品种定制任意数量的产品，同时让产品具有大规模生产的低成本和速度优势。

批量定制生产让世界变得多姿多彩，个性十足。

三、中国茶，走跨越式发展之路

中国茶产业相对传统，用"半手工传统农业"描述中国茶是比较精准的。要重回世界之巅，中国茶必须发愤图强，有且仅有两条路可以走。一是走标准化、规模化道路，实现低成本喝好茶，让更多人爱上中国茶。当然，走标准化、规模化道路的前提是建立现代技术体系，这需要科学家来解决。二是非标准化，走小而美的品牌路线，做差异化、个性化的品牌茶。标准化、规模化是赢家通吃的逻辑，这条赛道容量有限，一个产区、一个品类容不下太多茶企；未来中国茶会形成少量标准化巨头和大量非标的品牌组合，我们研究的是非标状态下如何通过品牌战略组合构建有影响、有规模的茶企。中国茶需要标准，也需要完善工业化的茶，但其并非完全以此为逻辑。

其一，从数据来看，中国茶如果完全实现机械化、标准化，仅采春夏两季，每亩可以产出100千克品质较好的干茶。当下，中国人均年消耗茶1.6公斤，以此标准计算，仅云南、贵州、四川、湖北四省的茶园产茶量就足够中国市场消费。截至2022年底，我国18个主要产茶省区市茶园面积高达4995.40万亩，那么还有近3000万亩茶园何去何从？因此，大部分中国茶必须走个性化之路。

其二，从产业结构来看，中国茶已经过剩，过剩竞争只有超级价格和超级个性两条路可走，超级价格就是标准化产品一统河山，超级个性就是小而美、多姿多彩，因此也会形成"大而强少、小而美多"的竞争新格局。

其三，从市场竞争角度来看，产业有集中、有限集中、高度分散三种形态。其中，高度分散产业的基本格局的国际通行规律是少数标准者和多数个性化制造者共舞，中国茶属于高度分散性产业，更多的茶叶品牌只能走个性化之路。

其四，从用户角度来看，茶并不是生活必需品，虽有回归物性的时候，但更多时候是追求个性，用江南春的话来说，就是"爱美爱时尚"，中国茶同时开启了"物性+个性"双向并存新时代。

标准化茶早已有系统的营销体系做指导，而个性化茶却只有方向感，没有方法论。无法走标准化这条路的中国茶该怎么办？不走线性发展之路，而应采取跳跃式发展模式，跳过工业时代思维——不去强补工业化的短板，而是用信息化时代的思想与工具武装茶企，参与全球竞争。虽然多数中国茶企没有完全工业化，因此未背上沉重的工业化包袱，可以轻装上阵，赢在起点。不仅仅是茶产业，这也是其他后发展产业制胜的基本战略。

换个角度看中国茶，工业时代中国茶所有的缺点在信息时代全是优点。

其一，中国茶园都处在山地，面积小而碎，茶类多，品种多，即使工业化也很难降低成本；信息时代可以从源头解决"撞衫"问题，满足个性化需求，让茶品牌拥有制胜基因。

其二，中国茶工艺复杂，流派多样，加之批量小，这是工业化标准流水线生产难以实现的原因。中国茶技艺以绿茶为底子变化而来，基因相同使其底子有相似之处，这就有了在同一条生产线上建立弹性制生产的基础。

其三，中国茶文化富集，由诸多亚文化构成，内容十分丰富，且有很强的链接能力，因此能从个性出发，连接成一个圈子，加之共同的爱好，购买自然发生，个人爱好变成圈子热爱，这就有了庞大的批量定制产品的需求。

中国已有定制化生产的基础设施，中国数字产业全球领先，很多行业智能化生产也全球领先。因此，运用数字技术建立柔性生产已不是问题。

中国茶要改变思路，应在大同世界中创造大不同，赢在个性时代。

中国茶的批量定制之路就是坚持"一个中心、三个基本点"。

"一个中心"就是以个体为中心，从用户视角看茶制茶，包括用户在哪，他们的生活是什么样的，他们为什么喝茶，他们如何做买茶的决定，他们希望茶传达出什么思想与价值……

"三个基本点"，一是从小数据洞察需求，精准洞察用户，看别人没看见的，听别人没听见的；二是运用文化连接用户生活场景，用场景重构功能，功能承载情感与价值，三位一体创造个性；三是以价值为底层，重构经营哲学和品牌结构，通过个性品牌结合形成品牌簇群，建立品牌生态。

这就是茶企要走的路，只有开启个性化定制，引领个性化潮流，才能在当下实现快赢，在未来实现久赢。

第二节　文化杂食，碎化市场分散产业

中国茶市必成于细！

这里的"细"不是营销上的"市场细分"概念，也不是管理上的

"细节决定成败"思想，而是说中国茶市场的未来是碎片化甚至粉尘化的。

碎片化的中国茶市场是孵化小品牌的沃土，却不利于大品牌发展。

这个观点的打击面可能有点儿大，打击力还有点儿强。中国茶要重回世界之巅，怎能缺少大企业的牵引？茶人做茶，多数不是为了赚两个小钱花，而是为了实现让中国茶重回世界之巅这个大梦想，难道这个梦想就照不进现实？

这盆冰水是否会浇灭中国茶人的激情，让大家丧失对中国茶的兴趣，让大干特干者停下脚步，让准备进入茶行业者离去？

诸位看官不用着急，茶从业者也不要丧气。品牌小并不代表企业就不能做大做强，事实上有不少大企业是由小而美的品牌发展起来的，只不过要用另外一套方法，这就是田友龙厮要给大家揭秘的茶叶品牌密码，这里暂时不表述，后面给出答案。

作为一个产业研究者和实践者，笔者有责任让大家看清事实，更重要的是给大家指明一个方向，让茶从业者在商业实践中少走弯路，少交学费，把有限的资金和精力投在价值产出最大的地方，让中国茶走得更快、更远。

碎片中国茶，是真相还是谎言？谁说了都不算，茶是消费者喝的，必须去消费者那儿找答案！

一、个体崛起，文化杂食

21世纪，个体独立了，独立的个体遇到四大驱动力，从此变成了文化杂食者。

互联网消除了时空距离，使得全球交流越来越广泛，越来越频繁；互联网消除了媒体的守门人制度，使得文化流动畅通，文化获得更容易。经历了一个比较复杂但并不漫长的过程，从开始的碰撞、抗拒，到中间的相互作用，最后相互包容，全球文化共生。从此，再无纯种文化，每种文化都是混合物，不杂食几乎是不可能的事，杂食成为一种智慧的生存方式。

中国文化之根是传统，中国传统文化认可差异性，也认可包容性，中国历来讲"夫物之不齐，物之情也"，承认事物间存在差异。中国主张

"君子和而不同"，不仅认为差异的存在是常态，而且要包容这种差异，这就是共生的基础。近年来，随着中国经济的崛起，中国人拥有了更强的文化自信，加之中国历来奉行"洋为中用"的思想，对外来文化秉持尊重、借鉴但不强求的态度，这使得中国文化能够吸收外来文化的精髓，并予以本土转型，融合成一体多元的复合型文化。

互联网引发信息革命，人们的信息消费模式开始从整体切入向局部转型，注重实用，注重细节，注重解决问题，注重即时效应，以好用、适用、方便使用为标准，打破原有知识结构，打开封闭的边界，不问出处，多种知识重组成更适用、更高效的工具，从此知识变成混合物。

个体要想独立，生存是基础，解决了生存这个基础问题之后，很多人开始思考类似"从哪儿来，到哪儿去"等诸多哲学问题，从此人们的生活不再千篇一律，在相似中也能找到大不同。个体解放的过程比较漫长，一旦放开就快跑、猛跑，让文化杂食快速成为一种普遍现象。

文化杂食，不管我们主观上愿不愿意，都发生了：不信看一下微信中如何与朋友交流，是不是中文、英文、韩文齐上阵；看一看家居风格，是不是新中式中还带点儿简欧、简美，不混搭不家居；打开你手机上的音乐软件，古典、摇滚、嘻哈、饶舌是不是应有尽有……

二、市场碎片化，品牌小而美

文化杂食是顾客的进化，产品的本质就是承载顾客的梦想，顾客的梦想变了，产品就必须跟着变；产品变了，品牌就必须进行重构。

21世纪，个体崛起了，新商业必须从个体出发，当然没有一个商业是为某个个体提供解决方案的。个体解决方案的精妙之处就在于文化，文化产生了吸引力，有相同爱好的个体就会组成社群，以身份进行认同与认可，这就很容易同频共振，个体的喜好就变成了群体的狂欢，这就是个体时代的商业逻辑。

杂食状态的文化是多元和多变的，是细小而且碎片化的，因此这个文化链接有其半径，其覆盖的规模是有限的，连接成的社群不可能是一个大社会，只能是个小圈子，而建立在小圈子上的品牌也必定是小的。

说得更直白一点儿，杂食让以前宏大的线型市场解体，分解成离散的碎片，曾经赢家通吃的局面一去不复返，一个单品打天下的日子已经过去，小品牌时代到来了。

这不是危言耸听，茶行业可能无感，其他行业早已感到寒意。比如，可口可乐近几年备受煎熬，主因就是市场碎片化，大单品开始解体。又如，我国本土快消品的标杆企业娃哈哈，市场也几近腰斩，营养快线这类超级爆品不断瘦身，无论如何努力，百亿级大单品都未曾再现。

杂食的定语是文化，市场被解构成小品类，创建小品牌的关键却不在于小，而在于美，美从何来？美从文化中来，从用户的实际使用场景出发，将空间、时间、情感、功能四重叠加，让品牌完美融合价值、物性、内容，使品牌由交易变成一种信仰，这才是完美的小品牌。

文化杂食，多杂而小，每小块都要有解决方案，但顾客往往希望"一站式"解决。因此，品牌构建的规则发生了变化，工业时代打造品牌，运用的是"大一统的直线模型"，强调一个内核，追求同一个世界、同一个声音。在杂食状态构建品牌，运用的是以用户为中心的生态圈模式，追求将 N 个产品卖给一个人，开启深度组合模式。

三、从核心出发，中国茶的成长路径

茶是农业，更是文化业，还是服务业，三重叠加，茶的基因就是幂律分布法则，"两头小，中间大"是中国茶产业无法改变的格局，这也是中国茶努力多年也没有成就一个超大型企业的原因。茶产业市场结构呈三段分布，一头超大，一头小细微，中间正好是小而美，但中国茶并未打好小而美这张牌，更不知道如何组建品牌生态。其实这并不复杂，只需要三步。

1. "三位一体"，构建核心

中国茶，不仅仅是饮品那么简单，还是社交工具，也就是在一片树叶之上建联系，用物性承载内容和情感，用情感凝结价值的"三位一体"。茶不是茶本身，而是自我表达，是一种社会化对话语言。用一片树叶，表达出一种强烈的价值信号。

物性基础：基于物种与工艺，用汤色、滋味、香气、口感等感官体验吸引用户，这是茶叶品牌的入门。倘若没有这个基础，茶叶品牌就相当于建立在沙滩上，不可能实现。

情绪表达：一杯茶要真正进入生活场景，需要用强大的物性承载情感，与用户产生共鸣，才能让用户热爱。

价值导入：用户喝茶，借茶传递自己的价值信号，标明身份，获得一种认同，建立一种归属感，喝茶变成一种生活信仰，这才是喝茶的最终目标。

茶背后有物种、历史、技艺三重支撑，分别承担物性价值、承载生活情绪价值、表达身份认同价值，喝一杯茶分别替客户发出信号、表达情绪、强化自我，因此茶才从一个产品变成一种信仰，喝茶才会上瘾。

2. 增加时空容量，学会加法

品牌定位虽然认可小而美，但商业实践中更推崇"大哲学"，于是中国茶人都在血拼一个发展方向，即大企业、大品牌、大集团、大市场。另外，用户也有"一站式"喝茶的需求，茶品牌必须扩充时空容量，学会做加法。

"三位一体"的茶叶品牌，产品承载内容，内容附着情感，情感凝结价值，内容可以不同，情感会有差异，但情感后面的价值统一，用价值解码形成一对多的映射，就可以做产品的加法。

茶叶产品的加法，以核心产品为基础，以价值为原则，通过产品线加法和品类加法两种方式扩充品牌容量，满足用户多元化、"一站式"需求，开启将 N 种茶卖给一个用户的新时代。

3. 打文化牌，建立包容性品牌

茶是华夏文明的符号，一杯中国茶就是半部中国史，中国茶是物质文化、精神文化、制度文化的结合体，文化让中国茶有了极强的生命力，历经数千年依然常盛不衰。

中国茶文化十分丰富，其包容性与链接能力强，而且具有"普世价值"，因此形成了十分强大的包容力。

从茶这个有文化符号的产品出发，茶叶自然就连接到茶器，以器引茶增加体验感与仪式感；连接到茶周边，仪式凝结成茶生活，最后升华为东方生活美学，因此构成十分丰富的品牌生态。

这就是在小而美基础上构建大企业的路径和方法。

第三节　自我觉醒，驱动价格走向两极

要么奢侈化，要么平民化。这是我们对中国茶叶未来趋势的又一个判断。

对这个判断理解的人不多，反对的人不少，甚至有人认为这是言行错位以博眼球，相当不靠谱。

我们先搁置争议，看一看市场的真实情况。

竹叶青是中国绿茶的标杆品牌，曾经它给自己贴的标签是奢侈品牌，由于市场环境不断发生变化，现在的竹叶青换了一种说法，叫中国高端绿茶。

茶里是中国茶界的创新小能手，"创新+时尚+便捷"三箭齐发，硬是在袋泡这个赛道上打出了一片天，甚至要超越这个赛道的鼻祖——立顿，它是平民化茶的典范。

当然，倘若百万家茶企中只有这两个代表，那么最多是个案，还不算规律，不具有"普世价值"。事实上，中高端茶俱乐部的名单有一大串，比如，小罐茶、大益、陈升号等；中国茶平民化军团也有一大堆，比如，下关沱茶、老同志、艺福堂等，这些代表都算得上中国茶界的标杆企业。

更有趣的是，2022年，中国茶界高端的两个代表竹叶青与小罐茶同时推出了生活茶，对低端市场进行降维打击，可见两极化已成为中国茶的一种典型现象，必须好好说道说道。

一、经济发展，社会患了"土豪病"

中国市场概念始于改革开放，那个时候中国还是农业大国，人们还在

为解决温饱问题而奋斗。中国改革开放走市场经济的路子，使一部分人先富了起来，但知识与修养的提升速度显然没跟上财富的增长速度，人们的口袋满了，脑袋却比较空泛，商人们缺乏自信，借买大 LOGO 来彰显自己的成功和与众不同，此风爆发得很猛烈，引发了大 LOGO 热。

社会影响力有一个法则——穷人看富人。中国改革开放初期，富起来的少部分人是关注的焦点、言行的风向标，用现在的话说叫"意见领袖"。普通人由于无法在财富上与"意见领袖"比肩，就通过模仿他们的生活表示自己未掉队，这并不是普通人的品位和实际需求，既不理解品牌内涵，更体会不到消费的真谛，而是盲目跟风，于是中国很快超越日本成为世界奢侈品消费第一大国。

社会学上把这种现象叫"土豪病"，它是社会发展的产物，也是社会发展必须付出的代价，我们大可不必担心。在中国市场，"土豪病"流行广泛但时间不长，很快就会翻篇。

二、顾客觉醒，消费跟着感觉走

21 世纪，新中产阶级强势崛起，无论是在事业上还是在消费上，他们都是生力军。

新中产阶级以"80 后"和"90 后"为主体，这个群体大多受过良好的教育，具备完善的知识体系，他们有很强的辨别能力，能认识事物的本质并洞察自己；他们不会人云亦云，不会随大流，有独特的见解与主张。他们从小就被鼓励要拥有独立的个性和强大的内心，他们希望能活出精彩，力争做最好的自己；所以他们不需要用物化的标签来表达自己，品牌也好，商品也罢，"为我所用而不让我所累"成为他们选择的基本原则。

"80 后"和"90 后"的家庭结构比较特殊，多数家庭已实现小康，他们当中有很大一部分人是有钱就花，没钱就贷，相信自己未来的支付能力，可以说在消费上很任性——敢于为自己的喜好买单。

他们的任性消费使得消费选择成了一种感觉，标准只有一个——我喜欢。新中产阶级是网络"原住民"，他们的理念与生活方式通过网络被放大和扩散，引领整个社会消费风潮，消费从此就是跟着感觉走。

三、内生消费，品牌世界两极化

田友龙这厮把消费跟着感觉走这种模式定义为内生消费。

内生消费，即听从内心的呼唤，情感认知很重。一个产品，如果能听到消费者内心的呼唤，以品质、性能为基础，承载他们的情感，展现他们对美好生活的向往，就会与用户产生共振，就能价格脱敏，人们不仅乐于买单，还会积极主动点赞。

个体崛起后，知识的丰富、文化的自信、独立的见识与见解，让他们认识到很多产品承载情感的功能很弱，而强大的内心及对生活的理解与感悟，又让他们认识到一些商品其实并没有那么重要，也不需要丰富的情感属性，故要回归到最根本的物性功能，主动挤干品牌溢价的水分，所以说，性价比才是人们喜欢这类产品的理由。

内生消费同时启动了两个按钮：一个按钮是精神享受，花大价钱购买体验与情感；另一个按钮是物质主义，注重功能和性价比，开启省钱模式。

两极化趋势与产品社交属性高度相关。产品社交属性越强，两极化趋势越明显，越会驱动品牌向金字塔顶端与底部聚集，那些在价格上没有竞争力又不具备溢价能力的品牌，必将在"中间死亡地带"徘徊，生存将十分困难。

四、中国茶如何玩好两个主赛道

茶与酒都是中国原生产业，都是中国的社交符号，且二者的两极化趋势都十分明显。竹青叶、小罐茶等品牌降维进入生活茶这个赛道，是茶叶两极化加速发展的标志。

不仅仅是中国茶，放眼全球，凡是文化含量高、社会属性强的原生产业最终都走向两极化，如处于品牌顶端的奢侈品都遵循一手抓奢侈牌、一手打快时尚牌，同时卡位两个极端的原则。

1. 中国茶第一极——高端路线

中国茶走高端路线，是有先天优势的，因为其有强大的基因。

其一，文化的多样性。中国茶有动人的故事，可以让茶走心，让产品价格脱敏。

其二，物种的多样性。中国茶本身不仅有个性，还有稀缺性，让茶有强大的物性基础，足以支撑起高端定价。

其三，技术的传承性。中国茶的传统工艺能增加产品的神秘感，提升产品的价值感。

其四，茶还是服务业。中国茶服务不是一般的仓储物流，而是如何在生活场景中创立仪式感，让喝茶更有诗意。中国茶服务能体现东方生活美学，让人文升华，把茶变成一种生活信仰，自然让茶增加了价值。

中国茶走高端路线是一件不用太担心的事。这条路大家已走了不短的时间，关键是这条路上已树立了可以借鉴学习的标杆，现在要做的是把成功者的经验上升成一套方法论，让参与者共享。其实这套方法论已初成：凸显品种特质，用物种特性承载人文精神，讲好人文精神这个故事，再用服务为用户生活创建仪式感，用户就很容易喝茶上瘾，品牌自然就能更上一层楼。

2. 中国茶第二极——平民化路线

中国茶走平民化路线，很多人简单地认为就是走低质、低价的路线。显然这是一个误解，平民化必须低价但不能低质，这是一个标准茶品牌体系。

走平民化路线必须还原茶的消费本质——饮品功能。饮品功能达标，需要做到三点：一是标准化的口感；二是突出产品的主要性能；三是品质要恒定，即无论何时何地，产品都是一样的品质。如果做到以上三点，就会推动茶产业"去山头化"，甚至"去产区化"。

走平民化路线就要挤出品牌水分，因此必须依靠低价。当然，从标准化生产中获得低价并不是什么难事，关键是倘若商家打价格牌，用户一般不会买账，因为中国人在消费上"讲面子""重里子"，他们当然在乎价格，但价格并不是决定性因素。商家必须让人们认识到产品的重要性，在这个基础上还是有价格优势；这时人们才会做出购买决定，翻译成营销专业术语就是"小价格,大品牌"。在这一点上,立顿是祖师爷,它的袋泡茶一包从几角钱到几元钱不等,价格上绝对便宜,但在中国市场从来不拿便宜说事,而是告诉用户:"立顿是从茶园到茶杯的好茶,而且是天然健康茶。"

对于走平民化路线,中国茶还有一个误区,就是将亲民茶铺向主流渠道。中国茶的主流渠道是品类专营店,重服务、重体验;而平民化路线是弱文化、轻体验的,对便捷性的要求很高,必须用大渠道、大流通来承载,这是中国茶企基本没走过的路。

做低端需要成本领先,但从目前情况来看,中国茶并不擅长,选择这条路需要慎之又慎。

第四节 专业主义,推动茶企泛媒体化

信息时代只有一种企业——媒体。

其实,企业媒体化早已不是什么新鲜事物,在微博时代就拉开了序幕。

互联网摧枯拉朽的能力,最直接的体现就是革了媒体的命,"信息人人造,平台聚流量"成为新媒体的主要特征。

新媒体语境下,企业有了相对宽松的内容创造条件,还可以联合用户共同创造,进而精准地连接用户群,主动传递价值,把曾经传播的"自嗨"变成共创、共享的集体狂欢,这样的影响力甚至能够超越传统媒体。

企业主动投资源,积极通过媒体建设吸引流量,形成自己的流量池。企业媒体化全面提速。

企业媒体化当然不是拿流量卖钱,而是服务企业,根本原因是用户信息消费模式发生变化,企业需要及时跟进。

一、信息泛滥,专业主义流行

互联网海啸,使得媒体守门人制度消失,人人可以创造信息。海量的

信息让人目不暇接，信息泛滥成灾，如何在海量信息中冲浪，是一个技术性很强的问题，将用户从信息中拯救出来，是企业必须思考并解决的问题。

如何才能获得信息自由？最好的方式就是"我的信息我做主"。但想做主并不是一件容易的事，这需要专业做基础。若没有专业，就不可能有专业判断，若没有独立专业的判断能力，即使将整个百度都给你，也不可能实现信息自由。

互联网全面入侵，改变我们的生活，也改变我们的工作。"互联网+"时代工作发生的显著变化就是多数工作都是知识型的，而且是动态重组的知识型工作，人们被迫深耕某一个或几个领域，必须花时间沉淀，不仅要把某一个窄众领域弄明白，还要将传统的知识与大数据、人工智能等相结合，创新运用，成为可以独当一面的专业主义者。

信息时代靠圈子生存。可以说，朋友圈对人们有特殊使命——由于信息爆炸、知识太丰富，即使是一个领域的知识，想要穷尽也是不可能完成的任务，人们通常通过朋友圈来解决。朋友圈是在超级个体的影响力基础上建立的，超级个体本身是某个领域的大咖或权威，专业能力借碎片化分享，能帮助其他人做出决策，也就决定了圈子专业化的氛围。信息社会，圈子是生存的基本状态，若无两把刷子，则在任何一个圈子中都是打酱油的，没有存在感。

信息时代，无论是应对工作压力，还是让生活出彩，人们都会精耕几个领域，开启专业主义模式，这也意味着专业化时代到来。

二、知识营销，企业泛媒体化

专业主义流行，品牌要经得住专业挑剔的眼光，品牌本身就必须成为知识专家，并与一拨同行竞争，条件是很严苛的：第一，必须有远见，通过现在看未来，把一切看得清清楚楚、明明白白；第二，必须有博见，用全球化视野解构行业与企业；第三，必须有战略明见，化知识为方法，解决实际问题；第四，必须有创见，利用创造性思维在已有成果上开疆拓土；第五，必须有通见，从国家、产业、公司"三位一体"的层面引导企业布局，指导产品经营。由此可见，品牌的专业性拼的不是单项，而是营销体系，唯有体系化打造品牌，才有胜出的机会。

立体的知识体系并不意味着专业，知识专业在信息时代有另一种形式，即与用户的信息消费模式相匹配。在过剩时代，信息有用、适用是基本要求，更重要的是信息用时少，能耗低，解决问题高效。因此，必须建立一套全媒体覆盖系统，润物细无声般地把用户包围，平时无干扰，用时又能及时出现，信息要易找，更要易用、好用，提供的知识还能满足用户的认知理解和使用习惯。用户用你提供的知识解决问题顺手，才会一用再用，形成依赖。

品牌的专业性还体现在是否平台化。信息时代，每个用户都有多重身份，他们既是信息的接收者，也是信息的生产者和传播者，他们已不满足于被动接收信息，他们还渴望主动搜寻、积极分享并广泛交换信息，参与互动及品牌的创造。现在，有越来越多的企业管理者认识到必须走众创之路，即汇聚行业内爱好者的智慧进行共同创造，以提升品牌价值，引领行业知识发展方向，并向粉丝持续传达行业信息，建成品牌泛知识信息交流平台。

三、中国茶内容赢天下

专业主义，企业泛媒体化，本质是走内容发家致富之路，这是媒体的基因决定的，与媒体沾边的行当都这么做。

内容创富这条路早已拥挤不堪，有百度、阿里巴巴、腾讯这样的巨头一掷千金，百家号、头条号、淘宝头条等高举高打，当然这里不仅是高富帅的舞台，还是"草根"的战场，订阅号更是多如牛毛。

内容创富还有三个尴尬的事实：其一，不是每个行业知识都很丰富，这样的知识源头很容易断流；其二，知识的重要性与科学的广泛性不同，有的行业即使知识丰富也并不一定有足够多的观众，很难产生价值；其三，专业相对单一，创意空间不足，很容易审美疲劳、创意枯涸，难以持续输出内容。

然而，其他行业的短板刚好是中国茶的长处。

中国茶内容相当丰富，茶历史悠久，是传奇故事的摇篮；茶品种繁多，是物种故事的沃土；茶技艺烦琐、复杂，是匠心故事的发源地；品茶有仪式感，是人文精神故事的乐园；地域特点明显，是民俗文化故事的载体。总之，中国茶的内容几乎取之不尽、用之不竭。

中国茶知识是广谱性的，中国茶拥有几千年历史，装进帝王将相的珍馐玉器中，装进文人墨客的诗情画意中，沉落在寻常百姓的粗茶淡饭中。可见，中国茶可以对用户实现无差别覆盖。

中国茶的表现形式多样，能够记录各民族自然浓郁的生活气息，也能记录浪漫的艺术情调；能以诗词歌赋体现，也能成为图书、戏剧及画作的主角，因此茶内容的表现形式也能与时俱进，不断更新。

中国茶是神奇的树叶，用物性承载内容，用内容附着情感，用情感凝结价值，用价值映射用户，茶已不是树叶本身，而是一种社会语言、一种生活信仰，因此才会几千年长盛不衰。

可以说，正是因为内容，中国茶才得以长盛，赢得天下！

四、一种茶媒体，六种新玩法

中国茶内容确实丰富，但必须以用户喜欢的方式，如图文、音频和视频等表达，这引发了创作的难度，因为中国茶太专业，懂茶的不会写，会写的不会说，会说的不会编，会编的不会拍。中国茶要玩转内容，就必须走团队合作流水线之路，才能成为媒体大赢家。

中国茶走媒体之路，更大的困难是专业太深，历史感太强，人文太厚重，茶文化的调子有点儿高，特别不适合信息时代快阅读的习惯。

中国茶走媒体化之路，必须以用户视角对茶文化与内容进行二次创作，创作的原则是喻深以浅，喻专以乐，即"细、简、短、形、乐、鲜"六字秘诀。

1. 细：从小点出发

网络时代，用户用眼睛投票，眼睛投票的时间平均只有 15 秒。15 秒用户是无法对事物进行全面理解的，只能通过细节来判断，于是事物的整体风貌被打破，细节先于整体出现。因此，从点到线再到面成为信息解构的新模式，是茶内容创作基本原则。

2. 简：通俗易懂

快阅读追求轻灵、轻快，故深入浅出成为信息呈现的基本法则。把复杂问题说得简单明了是技术，更是艺术。用浅显的语言或者文字把深刻的道理、内容表达出来，最好的办法就是学会讲故事，用小故事解释大道理，把深层次的东西表达得通俗直白，让人一看就懂。

3. 短：内容少而精

碎片化阅读中信息消耗的时间很少，所以要避免宏大叙事、求大求全，内容要少而精；要避免说空话、长篇大论，要讲干货，要用最少的文字把事讲清楚、讲透。

4. 形：内容与形式同等重要

茶媒体的内容与形式同等重要。首先，要动心思吸引眼球，内容创作上要运用双关、夸张、比喻、象征、谐音等方式，让严肃的话题生动活泼，让大家在轻松、自然、愉快中接受。其次，要用"图解""文摘""画说"的形式，让内容视觉化，让人有身临其境之感，从而产生吸引力。比如，对于茶的滋味表达，无论文字如何描述，人们的体验都不会深刻，我们曾经用视觉化短片《我看到峨眉山的味道》来表现，用人们熟知的蔬菜、水果表达峨眉山茶的香气、味道，这个创意表达不仅好评如潮，还让更多人从此爱上了这款茶。

5. 乐：有料更有趣

网络时代，一切都是娱乐业，茶企媒体化的第一要务就是在品牌基因中植入娱乐元素，再加上幽默感，让用户有看头，更有乐头，按下消费者的情感开关，抢占消费者的心智空间，大家才能爱上茶，才会喝茶成瘾。

6. 鲜：及时性与创新性

喜新厌旧是人的本性，信息有保鲜期，而且很短，做茶媒体必须领"鲜"一步。互联网是快经济，速度第一，任何信息必须第一时间说出来，第一个讲出来的是天才，第二个讲出来的是庸才，第三个讲出来的是蠢材。领"鲜"一步，你必须向前看，如果总是翻皇历，抖茶那点儿"陈芝麻烂谷子"，顾客很快就会抛弃你。

第五节　外脑决策，开启茶叶经营数字化

数字引领，制胜未来！经营数字化是中国茶赢得未来的关键！

说到数字化，茶企一般想到的是电商、公众号、直播"三驾马车"。电商早就成为一个公共渠道资源，公众号流量红利早已结束，直播也进入了下半场，"三驾马车"基本成为茶的标配，成为通用工具。

数字化"三驾马车"人人都会开，对于茶企来说只是增加成本，谁也无法建立竞争优势。

互联网已演化成基础设施，因此"三驾马车"变成通用工具，但这并不代表互联网的本质。互联网的本质是"懒经济"，"懒经济"的初级运用是戳戳手指，少动而获，"懒经济"的高级形式是运用外脑决策开启全新生活方式。

一、信息超载开启两种记忆模式

外脑决策，指信息时代，人们越来越懒得用脑，不仅不喜欢记忆，而且不爱思考，"有问题找百度"成为大家共同的选择。

外脑决策是一种被迫的无奈，也是一种智慧的选择！

互联网在鼠标、触摸屏的带领下席卷全球各个角落。互联网让信息爆炸，严重"超载"，人们的感官膨胀，眼睛常常处于浏览状态，应接不暇。网络信息到底有多么恐怖？权威统计表明：地球上生活着 70 亿人口，每天发出电子邮件 2940 亿封，产生聊天记录 650 亿条、新视频 72 万个小时。仅中国视频网站 1 秒钟上传的内容，就可以让一个人看一辈子。

人类用智慧创造了互联网，如货币的一体两面，带给人们便利的同时也带来一场资讯过剩的灾难：曾经，人们可博闻强记，诸子百家无所不

通；现在，要把海量的信息储存在大脑中，要么累死，要么让大脑爆炸。

人有一种能力，就是化繁为简。为了避免信息超载，人们被迫囫囵吞枣，学会蜻蜓点水；为了快速解决问题，人们只求适用不求深度，以"多快好省"应对如潮水般涌来的信息的冲击。

化繁为简可以减轻一部分负担，但人们过得还是不轻松，也不能彻底解决问题。

人，更重要的能力，就是无论多糟糕的事都能借助工具解决。互联网技术突飞猛进，计算机技术出神入化，信息知识的贮存变得容易，仅通过一个移动智能设备就可随时随地找到需要的信息。人们根据工作与生活的需要，把一些知识刻在脑海中，一些知识交给外脑（计算机等设备）储存，用时随时提取，没有必要记住。

人们终于不为信息所累，而让信息为我所用。人们在复杂多变的互联网浪潮中自由冲浪，快乐地享受。田友龙这厮将这种借用智能设备储存知识的行为模式叫"外脑决策"。

外脑决策是一种简明轻快的生活策略，是一种化繁为简的生活智慧。

二、用户用外脑决策，经营拼链接

用户启动外脑决策，对营销产生了一种破坏性的创造力。

营销，无论讲得多么阳春白雪还是如何下里巴人，本质都是卖货，但卖法有很大的差异性：工业时代，卖货拼的是音量，谁的音量大，谁就能将产品带入用户心中，在竞争中脱颖而出。

工业时代的音量通过购买获得，拥有好点子与好产品。如果没钱买音量，产品就无法走进消费者心中。这就给盗版者以机会，他们用钱买音量，用音量领先一步将产品传到消费者心中，将盗版变成原创，创新者为他人做嫁衣裳，因此产生很大的负面效应——大家都不敢创新，这才有了那么一段山寨战术流行的特殊时期。

用户开启外脑决策，消费还是一个感觉型事业。由于用户可以任性购，所以只有少数具有特别的价值和情感，能直击用户灵魂的产品，用户才会关注，并留在大脑中；多数产品受关注度不那么高，用户对此类产品的声音不愿听，也不会听，即使听了，也记不住。此时，音量不再是优势，而变成了噪声。

用户不愿意被动接受，而是主动搜寻，通过圈子的分享获得产品信息并做出购买决定。关键购买节点碎片化，分成不同的时间节点，企业必须基于互联网建立一套数字系统，这套数字系统能打破时空间隔，主动链接用户生活场景，不干涉用户生活，需要时又能快速获得，而且信息足够多，能轻松做出判断，这就是从比音量到拼链接的营销新理念。

链接系统有四个基本原则需要遵循：用全媒体解决时间覆盖，用专业解决有用有效，用化繁为简解决烧脑耗时，用身份认同解决走心。如此，才能在链接上实现交易，更重要的是连接用户形成共情消费圈，让购买自然发生。

三、三步让茶主动链接用户

茶是古老的行业，专业度很高，关注度不低也不高，茶消费参与感很强，但频次仍不低不高；茶又是一个很新的行业，一个半高不低又半冷不热的产业，如何让这棵有千年历史的树与用户建立起更强的链接关系，让用户喝茶，让茶品牌做强？其实只需要三步。

1. 产品数字化

茶是一片片树叶，中国茶品类众多，茶从业者要完全搞明白几乎是不可能完成的任务；中国茶艺术流派繁杂，行业内外几乎没有谁可以完全了然于胸；中国茶冲泡是一门艺术，解读出来千变万化。正因如此，我们有把大红袍说成红茶，喝武夷岩茶要洗茶的多个小笑话。

茶叶就是"树叶+内容"的复合体，图文时代内容不好表达，"让人正确打开茶"就成了中国茶面临的一道难题。现在，茶产品数字化，内容数字化，用音频、视频，一切都好表达，让用户轻松了解每一款茶，这是链接的起点。

2. 体验数字化

茶是一种感官体验产品，其感官体验一方面来自汤色、滋味、香气的特性上，另一方面来自场景带来的仪式感上。茶的感官体验以产品为道具，以服务为舞台，以消费者为中心，以场景为剧情，以服务来实现。

构建茶场景体验，中国茶一直在努力，却一直未实现。其一，耗时、费钱，如老班章体验；其二，一些场景无法实现，如茶的采摘；其三，一些茶事体验有风险，如手工炒茶。茶体验再次印证了知易行难。

通过"茶+数字化"，可以化不利为有利，变被动为主动，变主动为互动。通过数据模型推断客户需求，运用人工智能虚拟实镜技术，让视觉呈现和感官体验通过数字世界体现茶的魅力，通过感观满足用户内心，这是茶链接的路径。

3. 品牌IP化

茶是社交工具，用户喝茶并不仅仅是为了解渴与健康，更重要的是以茶为媒进行社交，以茶链接建立一个社交圈子，获得身份认同，从而达成自我实现。

茶叶的神奇之处在于，其物性使其有强大的附着力，能承载大量的内容，内容又包含兴趣与爱好，大家因共同的兴趣爱好聚集在一起，基于兴趣爱好建立身份的认同，接着形成统一的价值观，价值观又凝结成一种圈层文化，文化让品牌成为用户自己的心灵家园。

倘若将品牌数字化，可以缩短消费时间，与用户广泛建立联系，让品牌不再是一种简单的交易活动，而是升华成一种信仰，用户则变为一个个狂热信徒，这样大家就能风雨同舟、不离不弃。品牌的这个新体系叫IP，它是茶链接的终极目的。

四、构建链接系统

主动链接就是重构品牌与客户和消费者的关系，使之从陌生人到建立公共关系，从公共关系到弱关系，从弱关系到强关系，让饮茶真正成为一种信仰。

这是一个系统工程，企业必须有媒体化的思维，通过建立媒体平台，把基于产品的内容、人文、价值观传递出去，让内容体系链接用户的生活,与用户无缝对接,自由触发,形成传播价值链。

全媒体虽复杂,但核心只三个——微信、微博、头条抖音系。这三者有本质的区别。

其一,微博是大社会,原则是神仙打架小鬼看戏,互动中有带动感的活动易突破。

其二,微信是小圈子,流量要自建,情感共鸣的爆文是利器。

其三,头条抖音系是分发流量,试错找规律,用量去突破。

第六节　倍速生活,年轻人如何才会喝茶

茶必须年轻化,让年轻人爱上这杯茶。

这是中国茶当下面临的一个十分尴尬的难题,有几千年传统的中国茶并不受年轻人待见,无不让大众担忧中国茶的未来。

道理很简单,年轻人不喝茶,中国茶就后继无人,就会断代断流。如果让咖啡、饮料抢占了年轻人的嘴,塞满了年轻人的胃,那么中国茶的前途将会很有限。

为了让年轻人喝茶,中国茶一直在努力,一直在研究年轻人;为了让茶进入年轻人的世界,中国茶进行了诸多积极的探索和实验。年轻人说泡茶技术性太强,于是研发了懒人泡茶系统——泡茶机,只是这个系统潜行多年,至今曙光未现;年轻人说喝茶耗费时间太多,于是便捷茶问世,茶珍、茶膏、速溶茶的种子早已播下,至今还未盛开;年轻人说中国茶口感不讨喜,于是跨品种工艺生产出新物种,然而热爱新物种的还是老茶客。茶在走向年轻人世界的这条路上冲锋了多次,仍未成功,让年轻人喝茶仍是中国茶界面临的一大难题。

难道真的是中国茶历史太久,读不懂年轻人,没有找到打开年轻人世界的钥匙?

营销就是研究人的事,把人研究透了,营销也就成了。要弄明白这个问题,必须进入年轻人生活的世界,才能发现事情的真相。

一、倍速生活，奔跑的年代

21世纪，由于网络普及，各种思想在全球范围自由流动，在人人都能创造信息的时代，信息如海啸般扑面而来。各种知识的碰撞，引发了知识的解构与重组，知识更新的速度加快。20世纪八九十年代，大多数学科的知识更新周期为5年；到21世纪初，许多学科的知识更新周期缩短至2~3年，以后还会更短。知识迭代加快，不学习的后果不仅是落后于人，还有被淘汰出局的危险，学习之门必须常打开。

21世纪，中国由农业社会跑步进入信息社会，信息社会快经济，讲究速度第一。网络让地球变成一个村，站在家门口参与全球竞争。人们的生活与工作节奏双倍提速，竞争加剧。人们的日常状态是这样的：女人必须像男人一样干活，男人必须不像人一样干活，大家都处于匆忙状态，从此所有时间被填得满满的！

21世纪，信息化引发知识革命，知识解构与重组不仅是新理念诞生的温床，更是新物种、新工具诞生的沃土。新物种如雨后春笋般层出不穷，新工具赶趟地往外冒，必须在有限的时间隧道里接受更多的新事物，掌握更多的新工具，否则就会被淘汰掉，要想得一点闲那是相当奢侈。

21世纪的年轻人，多数人不想躺平，也不想拼爹；他们有梦想、有追求，敢于担当，他们用远大的志向导航人生，用真实的本领担当重任，他们拥抱新思想，学习新技术，与时俱进，引领新方向，实现新作为，在奋斗的路上根本停不下来。

21世纪的年轻人，处在一种加速生活状态中，永远奔跑在路上！

二、燃生活，需要能量加油站

倍速生活是一种"燃"状态。"燃"才不畏艰险、迎难而上；"燃"才敢于开拓创新，敢于尝试；"燃"才富有激情、永不气馁，永远激情战斗。"燃"是年轻人的基因，只有年轻人有梦想，有使命，有激情，愿奋斗，国家与民族才会有希望。

"燃"是一种高消耗事业，是"心理上的高压，生理上的高消耗"，因此需要能量加油站。所以，年轻人世界中的产品必定是兴奋剂型，否则难入他们的法眼。

糖为什么备受年轻人喜爱？从能量与健康的角度来看，任何人都应离糖远一点儿，但事实上年轻人对糖和含糖量高的食物基本上是来者不拒，只因糖的本质是"兴奋剂"。

人类诞生时期以采摘解决生计，肚子一直处于饥饿状态，这时摘到一个高糖的水果，不仅满足了口感，还扛饿让人开心，从此糖就作为兴奋剂储存在人类基因中延续至今。

这不是杜撰，现代科学研究也证明了吃糖能让人心情好。糖可以抑制大脑内部的下丘脑-垂体-肾上腺轴，从而控制应激反应，调节消化系统、免疫系统，影响心情和情绪，有效降低紧张感和焦虑感。而茶让人静而不是兴奋。中国茶起源于神农尝百草传说，茶以药性方式闪亮登场，其一面世就被贴上了"安慰剂"的标签。漫长的岁月中，茶从物性升华成华夏文化符号，集制度文化、行为文化、物质文化等诸多文化于一体。茶之大道代表自然和谐，茶之小道追求修身养性，其安慰剂属性越来越强。

茶之静在品饮环节体现得淋漓尽致。茶冲泡是一种艺术，备茶、赏茶、置茶、冲茶、奉茶、品茶诸多环节的动作艺术，在极简的条件下创造出仪式感，让平凡的生活诗意化。这让中国茶倍添魅力，也再次强化了其安慰剂的产品属性。

茶本身的物性也是安慰剂。现代科学研究发现：喝茶除了止渴外，还可以作为冥想的辅助手段，舒缓神经或放松身心；茶叶中的茶氨酸具有降压安神、改善睡眠、促进大脑健康等功效，也因此较为广泛地应用于保健食品和药品原料。茶叶作为一种治疗焦虑症和失眠的天然镇静剂很受欢迎。

基因决定了茶与年轻人不在同一个世界，茶可以年轻化，也会有少数年轻人喜欢茶，但中国茶主力军不是年轻人，因此向年轻化赛道入侵是一厢情愿的单相思，一定是事倍功半！

三、中国茶的正确打开方式

中国茶要获得年轻人的喜欢，出路只有一条，那就是改变茶的属性，让茶从安慰剂俱乐部进入兴奋剂俱乐部，最典型的做法："+糖"优化口感，改变属性。这就是为什么可乐能快速打开年轻人的世界，而无论是风行已久的茶饮料，还是"奶+水果+糖"的新茶饮，都是从这个原理出发的。只是这条路从本质上讲与茶的关系不大，特别是当下备受关注的新茶饮，其商业逻辑已不是产品而是空间，产品属性早就远离茶，已是不同的赛道！

年轻人不喜欢原叶茶，是否意味着中国茶的未来处境不妙？

这个担心有点儿杞人忧天，中国原叶茶流行几千年来，首先，没有任何证据表明，过去的年轻人比现在的年轻人更喜欢喝茶；其次，年轻人不喜欢茶并不代表待他们成熟之后不喝茶，二者没有逻辑上的因果关系。事实上，即使中国年轻人一直不喜欢茶，中国茶产销量也并未萎缩，相反一直在持续稳定地增长。

中国茶的用户主体虽不是年轻人，我们也大可不用担心中国茶缺用户，现在不会，未来也不会。

年轻人身体好，经得起折腾，因此养生养性不是他们关注的重点。人到中年身体机能逐渐下降，精神体力各个方面都有点儿力不从心，自然会认识到养生的重要性，茶这种天然饮品才能进入他们的视线，纳入他们的消费名单。

从人生历程来看，年轻人就是该与天斗，与地斗，与人斗，斗得死去活来。只有经历了，热闹够了，才知道静的价值，才需要安静，才需要内心平衡。这个时候，内心与茶属性才在同一个频道上，茶自然就会涌入他们的生活。

当今的世界文化是一种杂交混合物，西方文化讲规则、讲标准，中国文化讲弹性、讲包容。事实上，中国在学西方的标准，西方在学中国的弹性，年轻人血气方刚，对规则和标准推崇得多一些；人到一定的年龄讲弹性能包容，中国文化自然强势回归，而作为华夏文化符号的茶自然就成为生活中的一部分。

中国另外一个原生产业——酒也面临着一样的困惑，茅台董事长就曾担心年轻人不喝茅台，会让其大祸临头，而马云给出的答案是"我年轻的时候不喝茅台，现在只喝茅台"，这是中国酒与中国茶的共同点。

中国茶的消费主体大龄化，茶是高龄人群的世界！

当然，一杯茶要让大龄人喜欢上是相当不容易的，大龄人有经历、有阅历，这杯茶中必喝出这种心境——替客户发出信号、表达情绪、强化自我，他们才喜欢。

大龄化用户往往有一颗追求年轻的心，对此，田友龙这厮在《链接：社交时代品牌的法则》一书中已做过清晰的论述。古老的中国茶需要年轻化，也就是茶文化的现代化、国际化，主要是映射用户心境，这才是中国茶年轻化的正解。

第七节　圈子生存，建设共情品牌

圈子赋能品牌必定赢得未来。

圈子是社交的结果，圈子赋能品牌，即品牌社交化，这是 21 世纪的品牌新规则。

21 世纪，开启社交新时代。社交势能很大：其一，覆盖面广，几乎无处不在；其二，影响力大，超出我们的想象，小到日常生活用品如一瓶酒、一杯茶、一包烟，大到战略走向，社交都是左右结果的胜负手。

品牌中融入社交要素，不仅能与用户建立广泛的链接，还能与之共情共振，让品牌与销量齐飞。

社交为什么拥有这么大的势能？这还得从根儿上说起。

一、互联网时代社交老树开新花

社交是人类的本能，自古猿站立起来解放出双手变成人，就存在一个严重的问题：由于人类太弱小，打不赢老虎，赶不走群狼，面对洪水山火，更是毫无办法，为了生存，迫不得已，与身边的人结盟，形成部落。

从此，社交就成为人类的基本技能和生存手段。

现代社会，人们住在钢筋混凝土砌成的"城市森林"中，一无猛兽之忧，二无洪水山火之虑，面对一个分工社会，独立的个体往往无法工作也无法生活；分工就是为了协作，协作沟通是基础，因此交流与沟通频率更快、范围更广，人的社交本能进一步强化。

21世纪，中国跑步进入信息社会，工作、生活节奏由慢变快，每个人都面临工作的压力和生活的无奈。人们的总体感受是，压力越来越大，情感越来越脆弱，越来越感到孤独寂寞。

21世纪的社交更强烈，而且有了不一样的内涵。

伴随着网络和社交软件的普及，社交从此打破了时空概念，突破了邻里、工作、血缘老三样。由于生活需求已经通过商业解决与实现，新时代的社交需求也不再局限于解决工作与获得帮助，而是基于内心的需求治愈现代人的孤独与寂寞。

人类与生俱来的社交老树开出了新花！

21世纪的社交，志同道合是基础，追求心灵的同频与共振。

21世纪的社交，文化共情是表现，追求因生活方式相同而产生的一致行动。

21世纪的社交，价值共识是宗旨，追求共同信仰产生归属感。

二、社交逻辑是品牌第一原理

信息时代的社交，本质是借互联网这个工具，用身份认同去吸引周边的人，让分散在五湖四海的志同道合的人走到一起，以共同的兴趣爱好凝结成小圈子。这个小圈子文化是一种碎片化的亚文化，它能很快升华成一种信仰，进而形成强大的凝聚力，让小圈子成为稳固的社群。

很快，这个小圈子就有了副产物。

社交圈子语境宽松，语言自由，禁区越来越少。小圈子是强关系，为了维护这来之不易的圈子，大家都严守真与善的基本价值；并且大家发现，这个圈子里流出的信息实用，有实效，能解决问题，与自己的相关性还很高；被过剩信息搞得焦头烂额的人们，找到了自救且实用之法，从有强关系的朋友圈获取信息，因此靠谱的朋友之间的"转发"和分享成为信息获取的主要方式。

社交圈子的基础是信任，信任的背后是人格，人格表现是相同的生活方式，相同的生活方式很容易同频共振，一个人的喜欢很快就变成一群人的狂欢。

营销人很快就发现了一条打造品牌的新路径，从超级个体出发，通过个体发声，通过实用的内容传递一种价值主张，吸引有相同兴趣爱好的人凝聚成一个圈子。由于有共同的生活方式，圈子成员生活中使用的产品能获得大家的点赞，购买自然发生。圈子成员的互推对购买产生了放大器效应和磁石效应，很多品牌都是从圈子突破，最后引爆流行的。

借社交建品牌，就是将产品植入生活，润物细无声地与用户建立联系，与用户共情共生，这样的品牌更能让人产生卷入感，形成共情力，让品牌自带势能和流量。

从此，社交就成为品牌第一性原理。

三、中国茶自带社交属性

茶是华夏文明符号，更是社交工具，中国社交文化一半装进一瓶酒中，一半泡入一杯茶中。茶社交属性与生俱来。

以茶会友，茶从诞生至今，一直是社交场合中的一种"黏合剂"。"千秋大业一壶茶"，这是对茶叶社交功能最完美的描述。

以茶联谊，从茶诞生至今，以茶待客已成为日常，约茶已成为朋友间联络的重要方式。

以茶为礼，茶从诞生至今，上至帝王将相赏赐，下到文人百姓之间互赠，茶都是经常的选择。

茶与人的联系十分丰富，以茶入艺、以茶作画、以茶兴文、以茶施礼，可谓茶中有人生，茶中有社会，茶中更有世界。

中国茶早已融入生活，成为生活的一部分，承担着饮品之外的责任。以茶待客、以茶会友、以茶联谊、以茶示礼等都是人们以茶维系情感的重要表现。由此，中国茶魅力倍增，长盛不衰。

四、中国茶社交品牌新玩法

茶的社交属性与生俱来，但打得好这把牌的茶企并不多。茶企最擅长的营销方式还是比音量（打广告），这种方式明显停留在工业化时期，缺少从消费者角度思考问题的意识，自然不知如何出牌。

社交是信息时代的王牌，中国茶企必须集体补上这一课，插上社交的翅膀，将品牌植入用户的生活，让茶与用户共情共振，让购买自然发生，才能做大做强茶品牌。

1. 个性，社交的出发点

"社交以人为中心，让品牌有社交属性，就必须从人出发。"这是一句很简单的话，却是在革工业思想的命。中国茶现在还是半手工半工业状态，多数企业眼中只有产品，没有消费者，践行的还是简单的输出主义，这才是消费者不点赞的根本原因。

从人出发，必须彰显个性。因为社交是以超级个体的价值去链接的，映射到产品上就必须有鲜明的个性，所以有性格就会收获一切。如何挖掘个性？根据个人的心理状况、思维方式、使用场景等个性化小数据确定。要先分析消费者内心需要什么样的茶，什么样的茶文化，什么样的茶叶形态，什么样的汤色、滋味，茶叶品牌个性自然就脱颖而出了。

2. 角色，社交的动力

社交是从个体出发的，目标是建立社群，是将人从现实带入虚拟的精神世界，文化与使命构成欢愉，让用户找到自己，自己趋向自己的幸福，找到自己的心灵家园。

个体的形象塑造是关键，这个形象必须把用户的内心需求和愿望表达出来，从中深挖价值主张，运用价值认同建立精神社区；这个社区由于拥有信任基础，又有共同的生活方式，因此一个人喜欢其实是一群人的热爱，这就是新产品引爆法。

中国茶要打好社交这张牌，必须创造好角色形象，并找到角色的形象代言人，与他们共情共振。

茶叶角色形象塑造是一次发现之旅，需要融入他们的本真生活，用最真实的状态记录，展示他们的人生——他们是谁，有什么特点，有什么想表达的，有什么样的性格，有什么兴趣爱好；结合群体部落的亚文化，视觉化地呈现用户自己，让大家清楚地感知自己的形象，用图文甚至是视频激活沉睡的自我，让茶引爆社群。

3. 价值，社交的指南针

社交的秘密其实只有两个字——"信任"。信任建立在共同的价值观上，因此我们才一直强调价值是社交的底层逻辑，也是品牌的底层逻辑。茶的社交价值是表象价值和支撑价值的复合体。

表象价值就是茶饮带来的满足感；支撑价值就是品牌代表的态度，体现的是"真"，追求的是"善"，实现的是知行合一，彰显信仰之美，这才是茶真正能带给我们的价值。

很多时候，价值并不会表现得复杂、烦琐，可能是简洁、简单的，如下关沱茶、海堤红，表达追求简单生活的理念，自然拥有社交能量；更重要的价值还折射在产品品牌上，用个性承载价值，将价值融入故事，让故事走进朋友圈，让品牌可触碰、可拥有、有情感、有温度，这才是社交的源头活水，自然驱动品牌前进。

第三章　茶叶品牌建设的通用模型

　　茶是农业，是服务业，更是文化业，是具有共识的文化世界。用价值共识扩充时空总容量，是品牌建设的底层逻辑。

第一节　一片树叶，两种品牌

用品牌赚钱而非用商品赚钱。

这是定位大师特劳特对全球企业的忠告，也是中国茶从规模竞争向价值竞争转型的路径与方法。

一、中国茶，从"小时代"进入"大时代"

茶在中国是一个传统产业，在国家战略上又是一个后发展产业，品牌化运营的时间不长。近几年受三重利好强力驱动，茶叶品牌建设全面提速。

第一重利好，顾客革命。21世纪，中国消费者崛起，消费模式发生了巨大变化——顾客更愿意为体验、情感和服务买单，主流消费从大众产品转向高端商品，从购买产品向购买服务转变，品牌化需求十分强劲。

第二重利好，国家助力。中国全面建成小康社会后，乡村振兴成为国家战略。农业品牌化是实现农业强、农村美、农民富的基本路径，而茶是农业产业化的排头兵，国家战略为茶叶品牌建设安装了加速器。

第三重利好，健康需求。新冠疫情对大众做了一次健康普及教育。茶是天然健康饮品，借助疫情和企业的广泛健康宣传，茶在老、中、青三代消费群体中全面扩散，茶叶需求进一步扩容。

三重利好驱动，茶从"小时代"进入"大时代"，产能持续增加，品牌化建设热情高涨，头部集群效应初显。中国茶尚无绝对的王者，建设品牌的路径与方法各异，而且都有可参照的坐标，故茶叶品牌建设这个热情的大事业在当下这个节点需要冷静分析，找到一套普适性的方法论指导中国茶叶品牌化实践，让中国茶在品牌化道路上少走弯路，少交学费，是急于向全球发声的中国茶的当务之急。

二、新时代，茶叶的新使命

品牌建设在商业世界中本来就有很多模型，是一件公说公有理、婆说婆有理的事，剪不断理还乱。茶叶品牌建设到底有没有一套普适方法论？这必须回到底层，从时代赋予茶叶的使命出发，才能找到答案。

茶从冷门行业到热门行业，最强劲的推力来自国家战略，从国家赋予茶产业新的使命和责任上去寻找，就能看清茶前进的路径和方向。

21 世纪，我国在全面建成小康社会以后，开始全力推进乡村振兴战略，以乡村振兴战略为抓手，全面提升经济实力成为一项重大的国家级战略任务。

乡村振兴的目标是农业强、农村美、农民富。中国农业发展极不平衡，东部沿海地区工业发达，农业用地多为非农业化使用，农业提升空间不大，东部农民生活水平较高，很多村落成了现代化农村的典范；中西部地区经济整体水平低一些，农村产业类型少，产业链条缺失，农业在社会经济中的占比相对高一些，现代化水平和效率都不高。

中西部地区是乡村振兴的重点和难点，中西部农业、农村、农民的情况又比较复杂。

其一，人多地少，单位面积土地创造的价值有限，这是解决农村农民问题的关键性难题。

其二，中西部多高原、盆地、丘陵、山地，少平原，耕地碎片式分布，小而散，根本无法集零为整，实现机械化作业，而且需要应对如"一山有四季，十里不同天"的个性小气候，不适宜种植粮食类农作物，是一块十分难啃的"硬骨头"。

其三，中国城镇化率已达 63.89%，中西部低一些，特别是山区城市化率更低，农村就业群体依然十分庞大。山区农业还有两个十分重要的责任，一是为农民提供就业创业机会，二是为进城返乡的农民提供基本的生活保障。

对于山区农业发展难题，茶能给出很好的解决方案。山地丘陵不宜耕种，但适合林牧业，而林牧业中茶价值较高，高山云雾出好茶，茶能把山地丘陵的价值发挥到最大；茶产业链长，能容纳数量庞大的从业者，为乡村就业创业提供大量的机会；茶有很强的包容性和链接能力，能打通一、二、三产业形成生态圈，一业兴盛就能带动一个区域兴盛，全国近千个产茶县，有数百个县将茶作为乡村振兴的主导产业来抓，茶也就成了乡村振兴战略的排头兵。

乡村振兴战略下的茶是经济增长的抓手，是农村创业的平台，是乡村社会稳定的基石之一。新的使命决定茶的品牌化必须走一条与其他产业不一样的路。

三、一片树叶，两种品牌

无论从琴棋书画诗酒茶的视角来看，还是从柴米油盐酱醋茶的视角来看，茶都不在"基本盘"之列，是非刚需产品；中国茶的底子是农业，基因是文化，市场基础是服务，从底层来讲是碎片化产业，小而美将伴随中国茶一路前行。同时，新技术、新生产方式的入侵，简单、便捷的饮茶需求，又会驱动中国茶朝大一统方向发展，促使茶走上标准化大单品赛道。产业特性与市场特征相结合，一片树叶就会讲出完全不同的两个品牌故事。

1. 标准茶，少数派的赛道

中国茶到现在还带着手掌的温度，"看天制茶，看茶制茶，说茶卖茶"还是产业构建的基本逻辑，小而散是特点，所以产品十分丰富。由于任何一个品类都无法找到参照的坐标，加之加工方式的原因，中国茶的品质波动较大，消费者的体验是外形、口感、品质不稳定，用业界的专业术语形容就是"中国茶缺标准"。

中国市场主体是原叶茶，采摘基本靠人工，生产也并未完全实现机械化，采茶苦、制茶累是中国茶的一大痛点，人们从事茶业生产的意愿不高；产业后继无人的趋势越来越明显，风险越来越大；引入现代化生产技术,让从业者摆脱繁重的体力劳动,已是茶产业战略结构调整的一项基础工作。现代技术的基础是建立茶叶标准化体系,只有标准化才能实现工业化,工业化又会让茶走上集约化和规模化,也就是大一统的赛道。

标准茶在消费端也有这个需求。21世纪的消费者开启了内生消费模式,同时启动了两个按钮:一个按钮是精神享受,花大价钱来购买体验;另一个按钮是省钱模式,回归物性本身,注重基本功能满足性价比。

内生消费,消费者一边喝有故事、有情感的高价文化茶,一边寻找基于茶的饮品属性的高性价比、可以日日喝的口粮茶。高性价比的口粮茶,挤出了品牌情感价值的水分,使茶回归了物性功能。更具体地说,就是"去产区化",弱文化性甚至去文化性,追求标准化普适口感,品饮便利,性价比高,可以天天喝,被定义为生活茶。

产业端战略结构调整的重要性、消费端生活茶需求的强烈性,加速了中国茶的标准化进程。这个标准化是向大品类回归,是中国茶界一直想做但一直未能实现的事——打造中国红、中国绿这样的标准茶。唯有回归大品类,才能突破产区与物种限制,才能建立标准工艺,才能实现无差别口感,才能进行流水线工业化生产。

标准化茶并不是让所有茶都变成同一个口味,而是茶企在国家和行业法规之上,基于自己对市场的理解和对茶品类的认知,在茶叶鲜叶原料筛选、茶叶生产加工、茶叶感官审评、茶叶包装、茶叶储存运输等环节建立相应的标准,使茶的品质、口感等在不同环境中都保持不变,让消费者无论在何时何地喝到一杯茶的感官体验都一样。

标准化茶回归大品类,实现工业化、集约化,这个赛道的竞争逻辑是集中;特点是单体体量很大,集群容纳能力很低,参与此类市场竞争必须践行经典的数一数二战略。为了冲进阵营,企业将进行激烈的竞争,无数小品牌的墓志铭成就几个大企业,此时整个产业都向领头羊看齐,标准也就形成了。

标准化茶要用标准获得规模,把规模转变成效率和效益,这条路不好走,甚至相当难走。标准化、规模化需要大体系支撑,只有通过大营销、大渠道、大团队,打造大单品,塑造大品牌,才能成为大赢家;其建设之累、竞争之烈、费用之高、周期之长、管理之难远超茶企想象。这个赛道属于有资本、有团队、有渠道的玩家，是少数派的赛道，并不适合传统的中国茶企。

标准茶面临的主要挑战在技术端，营销上已有一套完整而成熟的体系，不会因茶有太大改变。本书研究的是基于文化与社交属性的茶叶品牌构建，是另一个赛道，故标准茶的玩法在此不做深入探讨。

2. 小而美，中国茶的主赛场

茶非刚需，中国茶的底子是"农业+文化业"。茶文化内涵十分丰富，文化的加持可以让茶价格相对脱敏。茶作为地域物种，品类众多，品种十分丰富，天然具备个性品牌的调性，制茶的技艺还带手掌的温度，让其自带人文色彩。多重要素叠加，构成了中国茶的另一道风景——小而美。

放眼全球，原生产业都是由一个大一统的标准化赛道和一个小而美的个性化赛道组成的。比如，葡萄酒在原生地法国是小而美，漂洋过海到美国则变成标准产品。又如，另外一个产业啤酒，在原生国度德国也是小而美主导，走出德国到全球则变成大一统引领。

中国市场的最奇妙之处在于人口基数庞大，文化一体多元，消费理念多样，因此一个国家可以容得下全球的产业纵深。"多元"支撑起原生茶碎片化的特点，"一体"接纳得了大一统的标准化茶，这就是中国市场最大的魅力所在。

茶品牌小而美，可以拉长产业链，形成更大的产业集群，虽然单一个体规模小，但是能带来整体价值的最大化。比如，西湖龙井——标准的大品类小品牌，作为中国绿茶之王，并没有体量特别大的茶企，但产业群体十分庞大，从业人员之多、形式之丰富超过很多产区，形成十分庞大的产业圈，整体产业价值在产业中遥遥领先。中国制茶还带有手掌的温度，做茶苦、做茶累，大家一直担心手工制茶后继无人。西湖龙井的产业生态体系中手工茶价值高，受小圈子追捧，能容得下个体与个人创业，吸引了大量年轻人参与其中。从西湖龙井的案例可以看出，苦与累是否能转化为价值，才是茶产业是否有吸引力的关键。

小而美放在中国市场语境下并不代表弱小，哪怕是再小的一个概率，乘以14亿，也是一个不小的体量。因此，中国茶的小众甚至微众市场也会让其他国家羡慕，不用担心中国茶叶市场吸引力不够的问题。

品牌小而美并不代表茶企就不能大而强。依托物种与文化组合去创立强势品牌，基于品牌的重构去创造大企业，是原生产业的强大之道。

这也正是本书研究内容：基于文化属性与社交属性构建小而美的品牌，通过小而美的品牌组合构建一个大而强的茶企。

第二节　物种品牌，三角支撑模型

茶是一种成瘾商品，因此人们才一喝再喝，延续几千年根本停不下来。

喝茶成瘾，只因茶不仅仅是一片营养丰富的树叶，还有十分丰富的内涵。

用户喝茶，首先缘于茶叶的物性基础，汤色、滋味、香气、口感诱人，茶还有药性，对人的健康有益，受到大众喜爱。

用户喝茶，更重要的是借茶表达一种生活方式，传递自己的价值，表明一种身份，获得一种认同，建立一种归属感。茶让人由实入虚，喝茶变成一种信仰，这才是喝茶成瘾的根本原因。

茶的物性信号由茶树品种与制茶技艺共同造就，茶承载的价值与情感主要用历史文化来表达，历史、物种、工艺构成茶品牌的基础体系，也叫三角支撑模型！

一、历史驱动，品牌基因

用历史驱动，打文化牌，这是打造茶叶品牌的第一原则。

文化是中国茶的根，茶是历史沉淀的结果。如果离开了历史喝中国茶，茶汤就会变成普通饮品；如果离开了历史谈中国茶，茶就真的会变成一片普通的树叶，根本不可能成为传奇。

悠久的历史、厚重的文化，是中国茶的价值之源，也是茶产业崛起和持续发展的基因，是塑造强势茶叶品牌的市场密码。

1. 一杯中国茶，半部中国史

中国是茶的故乡，品一杯中国茶，就打开了半部中国历史。

茶几乎与中国历史同步，自上古时代，茶就以神农尝百草的方式登上了历史舞台。从此，在中华历史上，茶从来就没有缺席过，并且在历史舞台上越来越活跃，作用越来越大。到清朝时，茶的作用到达顶峰，中国茶风靡世界，独步全球，让中国成了世界的经济中心，这也为其后来的灾难埋下了祸根。

中国茶不仅是中国的，也是世界的。唐代，中国茶传至日本和朝鲜；16世纪后，中国茶被西方引进。中国茶树、饮茶风俗及制茶技术传向全世界。可以说，没有中国茶，就没有世界茶史。

中国茶史是喝出来的，中国人喝茶几经变化，相当精彩。中国茶的起点是药，生嚼内服，清热外敷，消炎解毒；接下来从生嚼到煮食，和粮食一起煮"茶粥"；最后才从食用进化到饮用。茶叶品饮的形式多种多样，如唐代煮茶法、宋代点茶法及明清泡法；饮茶内涵也非常丰富，涉及沏茶的技术、赏茶的艺术和品茶的情怀。简单的冲泡饮品升华为以茶为媒的生活，有仪式感；饮茶之趣从口感上升到精神世界的享受，成为一种生活美学。从此，茶的精神渗透到宫廷和社会，深入中国的诗词、绘画、书法、音乐、宗教、医学等诸多领域，成为华夏文明的符号。

中国茶史带着手掌的温度。中国茶传承几千年，一直未脱离农业这一根本属性，直到现在还停留在半工业半手工状态。手工是中国茶的技艺之魂，即使是现代工业化流水线生产，也是手工艺的优化与固化的结果，仍然带着手掌的温度。中国茶尊重传统工艺，一方面体现为对每片茶叶的爱惜和尊重，另一方面体现了匠心精神传承，为这一片简单的树叶增加了神圣的意义，让茶充满人文精神的美感。这为中国茶增添了独特、神奇、迷人的传承故事，为文助茶兴、茶助文盛的模式添加了一股重要的力量，使中国茶更加迷人。

地域为中国茶史添加了浓墨重彩的几笔。中国茶品类多,茶树种丰富,凭借的主要是资源禀赋,核心要素是自然地理。自然地理不仅包括土壤、气候、温度等,还包括地域之上的人,因此地理是集自然、人文、民俗、社会治理等诸多因素于一体的综合体,包含名茶、名山、名水、名人、名胜、民俗、民风、民治等多种要素。中国茶形成了一体多元的文化和品种格局,这让中国茶丰富多彩,也让中国茶走向碎片化。

2. 文化,茶叶的基因

茶经过漫长的历史沉淀拥有不同时期的文化类型,是中国历史的重要组成部分。它记录了农业社会文明的前进轨迹,承载着人们的价值观念、审美情趣、生活方式,体现了社会文化的多元性与多样性,是物质文化、精神文化、制度文化的结合体。

文化是茶的生命之源,它让中国茶在5000年历史上虽经历诸多风雨,但一直倔强地挺立并一路向前,即使跌到谷底也能反弹,即使面临绝境也能重生,让中国茶源远流长。

文化是茶品牌的基础,它让茶脱实入虚,从一种天然饮料升华为一种生活方式,传递人生观和价值观,不仅让茶价格脱敏,还让喝茶变成一种信仰,让人一喝再喝,无法停止。

文化是茶的核心竞争力,中国茶叶市场遵守的是双循环战略,以内销为主、外销为辅。在全球经济一体化时代,站在家门口参与全球竞争,中国茶不仅在本土要打赢土洋战,而且要参与全球竞争,决胜的关键就在于文化擦亮品牌。"他山之石,可以攻玉"。比如,我国较早的运动品牌回力,曾经风靡中国,还被授予"中国驰名商标",后来面对洋品牌技术、品牌、资金优势,且战且退,几近消失;但近几年来又以东方美学进行品牌重塑,随着复古潮流、新国货崛起的热潮成功归位,成为民族品牌之光,深受年轻一代喜爱。

3. 文化牌,如何打成赢牌

文化是中国茶的王牌,这张牌中国茶打了几千年,但让人尴尬的是,中国茶并没有因为文化培育出一个让全球同行信服的品牌。好牌打不成赢牌，原因何在？

中国茶文化以农业文明为基础，融合儒家思想、道家思想、佛教思想而成为精神符号，以诗、书、画、乐、俗等为主要表现形式，是经典、传统、有温情的慢文化。

信息社会比拼的是速度，消费领域受处于奔跑状态的流行文化引导，经典茶文化必须借流行文化的形来表达，才能为用户接受，要把茶文化牌打成赢牌，就必须进行重构与重组。

其一，国际化。全球经济一体化时代，任何文化都是混合物。中国茶文化虽是原生的，也不能故步自封，要有一颗开放的心，以经典传统为根，吸纳世界优秀茶文化重构中国茶文化框架，与时俱进，用国际通用语言符号、形式来表达，这样茶文化才能被认可，才能走向世界。

其二，现代化。中国茶文化是古朴器物代表的慢生活方式，历史记忆与当下情绪表达和当代生活都有较大的差距，很多人甚至对中国茶文化的印象还停留在考古上。传统的中国茶文化必须有现代之形，以大众喜闻乐见的"图解""文摘""画说""视频"等创意方式表达，在视觉、听觉的共同刺激下，以现代美让茶文化重获新生，与大众共情共鸣，才能让人爱上中国茶。

其三，生活化。中国茶文化渗透了太多古代哲学、美学、伦理学、文学及文化艺术等理论，虽然可以培养健康向上的人生理想，但是太复杂、太深奥，难以理解，因此离消费者很远。茶作为一种商品，承担的是消费者借助商品搭建小世界的梦想。茶必须从道与禅回归消费者本真的生活，从生活场景出发，从中发现人们喝茶的情绪与情感，以此进行文化重构，给奔跑状态下的生活以仪式感。这样茶文化才能真正与消费者共振，茶才能获得用户认可与热爱。

其四，社交化。中国茶的社交属性与生俱来，曾经的社交受时空之限，茶的社交体现为邻里的分享与朋友之间的共享。互联网时代，借助网络这个抓手消除时空距离，传递一种以茶为媒的生活，让分散到五湖四海志同道合的人因喝茶爱茶走到一起，大家喝茶说茶讨论茶生活，因共同的兴趣爱好凝聚成圈子，形成稳固的社群，这个社群能把茶自动植入生活，让茶成为生活的一部分，茶与用户共情共振，轻松塑造强势茶叶品牌。

二、物种支撑，品牌基础

功能基础决定品牌这个上层建筑，这是营销的基本法则。

茶叶品牌塑造须遵守这个基本法则，无论用户喝茶，还是映射，抑或从一杯茶中体现诗与远方，如果功能不强（茶不好喝），那么一切都是白搭。

1. 个性，茶叶品牌的基础

中国茶的功能分为两层，一层是隐性深层健康养生功能，另一层是显性表层汤色口感的普适性与讨喜性。无论隐性功能还是显性功能，都由茶品种决定。有个性的茶树品种简称为"物种"。

茶的两层功能用户都很看重，复购决策点更注重隐性养生功能，初次买茶决策更关注口感。中国十大历史名茶能从众多品类中脱颖而出，并流传数百年，哪一个没有独特的个性，哪一个没有显著的口感？比如西湖龙井，其形清晰，口感独特，如果没有独特的栗香，即使再多文人墨客力荐，人们大抵也不爱喝，那么西湖龙井可能就真变成一个传说，留在地方志里了。后来，历史文化名茶品种被推广，后发者一无历史文化优势，二无独立个性，很难树立自己的品牌（无论公用品牌还是企业品牌）。

近年来，中国茶发展突飞猛进，普洱、安吉白茶、福鼎白茶等一批历史优势并不明显的板块异军突起，取胜之道就在于物种有个性，更易识别，更易记忆。比如，普洱茶的山场气，安吉白茶的鲜若鸡汤，福鼎白茶的一年茶、三年药、七年宝。

2. 个性物种，地域的产物

茶业属于农业，必须靠自然资源禀赋，无论运用什么高科技，茶这个碎片化山地丘陵农业都会高度依赖自然环境。

茶是自然环境的产物，自然环境包含山形地貌、土壤土质、光热条件、气候温度、降水量、生态植被等诸多因素，这些因素的变化会使同样的茶种发生变化，得到完全不同风格的茶。

比如，云贵两省相邻，都产大树茶，由于气温、土壤、气候等因素的不同，贵州大树茶内含物质就没有云南大树茶丰富，更明显的是其山头气、品性特点与云南茶没法比，影响力自然低很多。云南"一山有四季，十里不同天"的山头气候、水土特征等个性化小环境造就了个性化的山头茶，稀有且珍贵。

3. 双层架构，茶叶品牌的标准模型

物种是地域的产物。自然地域通常十分宽广（"十里不同天"是极端情况），任何一个优势茶产区地域都是很大的，动辄数万亩，甚至数十万亩。中国特有的土地制度不可能让一个主体独占这么大的优质资源，但又没办法防止"搭便车"，没有企业有意愿把一个物种推广成一个品牌。换个角度来看，即使制度允许，也没有茶企有这么强的实力掌握如此庞大的规模。客观上，企业没有能力推动一个物种成为一个品牌。

当然，不仅是中国茶，全球农业都会遇到这个问题。企业主观上没有意愿，客观上没有能力，却又不得不办。政府必须将茶产业作为公用设施来打造，政府有责任将其建设成人们共享的基础设施，由该区域的各类主体共同使用。因此，茶叶品牌建设必须由政府主导区域公用品牌的打造，以树立共性。茶业主导产品品牌的塑造，以彰显个性。双重驱动，中国茶业才能复兴，茶叶品牌才能树立。

茶叶品牌建设的复杂性还在于各区域发展时间跨度拉得太长，长的已有数千年，短的才十几年。有历史文化，有独特地域工艺，有物种个性的茶早就成了公用品牌，历史上的中国是小农经济，公用品牌的价值被分割均沾，产业集群碎片化，因此，传统茶产区很难出大品牌。历史文化优势不强的茶区，资源更容易聚集，相对来说更容易培育大企业，如果能从物种个性、品类特征寻根，找到物种特异性，打造大单品（相对历史茶区），则更容易造就大企业，这是中国茶产业独有的品牌路径与方法。

三、工艺支撑，产品个性

品种是基础，工艺是关键。

中国茶有"三香"：其一，山场香；其二，品种香；其三，工艺香。

山场香、品种香依赖自然禀赋，有点儿看天吃饭的意思；工艺香是人民智慧的结晶。山场与品种的魅力需要工艺放大和激活，让茶魅力倍增。

1. 工艺，中国茶的硬伤

虽然工艺让中国茶魅力倍增，却是中国茶的硬伤。中国茶业历史久远，属传统农业，工艺原始，带着手掌的温度，缺乏现代基因。

历史上的茶是稀有的高端产品，甚至是奢侈产品，与普通人关系不大，追求把每片茶叶的功能发挥到极致，养成看茶制茶的习惯。漫长的时间累积成就了复杂的工艺和众多的流派，让产品千人千面，无法建立标准体系。

中国茶工艺复杂多样，一半是自愿，另一半是被迫。历史上，中国茶的技艺传承通常分为家族制与师徒制两种，历经多年口口相传，因此会掺杂一些个人理解，从而形成了大同小异的诸多流派，这是中国茶技术流派繁多的最根本原因。

2. 工艺，茶品牌的核心竞争力

工艺真是茶品牌的硬伤？这得从茶产业基本盘去找答案。

中国茶产区多，品类更多，同一个品类下的品种十分丰富，仅一个武夷岩茶就让人应接不暇，有一定知名度的品种就有数十个之多。

中国茶不仅品种十分丰富，同一种类茶，环境、气候不一样，其内涵也有差别，即使同类茶、同一区域、同样的气候环境，采摘时间不同，茶性也有差异。要完全激活物性，释放独具特色的风味，就必须依靠技术，在标准流程上根据茶的不同情况进行调整，实施差异化生产，因此中国有看茶制茶之说。以绿茶为例，这个占据中国茶半壁江山的第一大茶类，其实包含近百个亚类，每个亚类有诸多小类，几乎每个小类都有自己独特的工艺；明前、雨前差别明显，制法各异，让中国绿茶多姿多彩。

当下中国进入个性化时代，消费越来越多元，越来越追求价值。对茶这个非刚需品类，个性化、品质化、价值化的呼唤越来越强。此种状态下的茶以地域物种为基础，在工艺下放大个性，创立多样化产品，呈现出独特的品质，价格相对脱敏，具备较高的市场竞争力，成就个性化品牌。工艺不仅不是茶叶的硬伤，还是茶的核心竞争力。

3. 复杂工艺，中国茶的未来

中国茶工艺复杂是众所周知的，但很少有人对工艺进行寻根，倘若寻根就会发现，中国茶工艺虽复杂但不乱，有一条清晰的技术脉络。

中国茶的基础是绿茶，在绿茶的工艺基础上增加焖黄步骤形成黄茶工艺；将焖黄步骤改为发酵程度更高的渥堆技艺则形成黑茶；绿茶删掉几个程序，只经过萎凋和干燥则为白茶工艺；在白茶的基础上增加揉捻、发酵等步骤形成红茶工艺；青茶工艺是最复杂的，是在绿茶+红茶的基础上增加做青、揉捻等环节发展而来的。

这条脉络给中国茶指出了另外一条路，即运用大数据、人工智能、VR等技术，以一条生产线为基础，以一种核心茶类技术进行叠加重组，就可以为单个客户或微众小众客户批量加工多品类、多品种的茶，不仅可以有规模化生产的成本优势，还能实现定制，满足个性化的喝茶需求。

工业时代，烦琐的技术是中国茶的缺点；信息时代，工艺是中国茶的优点。可以说，中国茶在信息时代已赢在起点。因此，田友龙这厮认为，中国茶应采用跳跃式发展思路，直接用信息化思维在全球参与竞争。

四、物种品牌，从树叶到品牌的起点

物种是基础，以技术放大物种优势，用文化树立品牌价值，这是中国中高端茶叶品牌（基于茶的社交属性与文化属性）塑造的基本原则。物种是地域符号，中国茶叶品牌命名通常采用"品牌名+地域+物种"三层组合法，如徽六六安瓜片、润思祁门红茶，田友龙这厮将这一类品牌定义为物种品牌，将其视为中国茶品牌化的起点，其他品牌模型都在此基础上衍生出来。

物种品牌，奠定了物性基础，用物性承载内容（产区和物种文化），用内容表达价值（传递喝茶时的情感与生活状态），用价值载着顾客的梦想一起飞。品牌与用户之间不再是一种交易关系，而是功能价值和精神情感的完美融合，传递一种价值主张，表现一种生活方式，使喝茶升华为一种生活信仰。

物种品牌有极鲜明的个性，独特的内容与价值让品牌价格相对脱敏，因此一般走中高端的路线。区域文化共享和土地模式让物种价值被均沾，小而美是物种品牌的常态。消费者认同小而美，中国商业比较认同大而强，因此茶界做单一物种品牌的并不多，主要在一些高价值且具有稀缺性的产区，典型的如普洱产区、白茶产区，品品香白茶、陈升号等都是物种品牌的实践者。

物种品牌小而美，能承载以千万计的茶农、茶工、茶师、茶人参与产业建设，虽然单一品牌规模不会特别大，但是能拉长产业链，丰富产业生态，容纳更多主体，增加产业价值。在乡村振兴的背景下，意义与价值巨大。

物种品牌的特点会引发一个观点——产业缺乏吸引力。其实，这是一个认识上的误区，首先，中国语境下的小而美规模并不小；其次，我们常把大品牌等同于销售规模大，把品牌规模等同于企业规模，显然这是把经念歪了，比如，一个奢侈品集团在全球动辄数百亿欧元的销售规模，数据看起来庞大美丽，但这是数十甚至上百个品牌累积的结果，若具体到每个地区、每个品牌，其体量并不大。

物种品牌的打造，其产业逻辑与奢侈品品牌模型相似，就是通过小而美的品牌组合重构大而强的企业，这正是本书要解决的问题，也是中国茶两个路径之一的文化茶品牌塑造之法。

第三节　集群品牌，场景聚合多品类

喝茶场景化，品类做加法。

这是田友龙这厮深度服务茶产业的心得，也是市场实践中茶叶品牌突破单品类覆盖多品类的起点。

品牌场景化并非中国茶产业独创，引领者是大洋彼岸的商业领袖，

《即将到来的场景时代》的作者——两位美国营销界同人,他们在全球树立起了鲜明的旗帜——占领场景赢得未来。

全球场景时代已来临,场景改变了大众生活,引发了商业革命。美国商界早在2016年就启动了"全渠道、新场景、强链接"的战略转型。

一、揭开场景营销的真相

"场景"是一个外来词,本义是戏剧、电影中的场面,本身和商业没什么关系,其能成功入侵商业,成为品牌构建基本逻辑,根源在于我们自己。

人是社会化动物,首先必须解决生存问题,这可以用简单的纯物质轻松搞定,但是如果仅有这一点,那么人与动物无异。人与动物的区别在于有丰富的精神世界,人一生都在展现精神、宣扬价值,以获得身份认证,找到安心之地,最终达成自我实现。关键在于隐晦的精神世界必须显性表达,让他人瞬时读懂、快速接纳、主动归类,否则人将无法融入社会。

表达的基本原理是无形的东西有形化,无形的思想映射到有广泛认知的器物中就是最好的方式,社会生活中被广泛认知的有形器物是商品。商品从诞生之初就负有独特的使命:其一,强大的解决问题的功能;其二,承载内容表达思想与情感;其三,定格时空,明示价值。

特定的时空,快速、动态地提供带有仪式感、情绪感、体验感的解决方案,是营销人追求的终极目标。曾经这是奢望,因为产品功能单一,满足不了多样化的需求;内容附着力差,情感承载力有限,无法表达价值主张;产品是静态的,没有主动链接能力,无法与用户生活场景无缝链接。

21世纪,伴随着新材料、新技术的运用,产品功能聚合化,承载的内容十分丰富;加之互联网技术普及,产品从物理性能产品变成"物性+数字"的组合体。产品从静态到动态,有主动链接能力,打破时间界限,消除空间距离,将产品接入任意时空,匹配特定的情绪与情感,消费如戏剧一般有场面感,场景营销也就诞生了。

场景营销与其他营销相同——功能是基础,但此功能与营销经典理论定义的功能是不一样的,场景营销定义的功能是从人出发,理解人的多样化、复杂化、碎片化的需求，组合成的复合功能并非线性功能，能多快好省地解决用户的问题，兼具时间与空间双重价值。

场景营销的中心是链接力，即把产品带入用户的生活场景。内容是链接的基础，场景内容不是创造与输出，而是发现；从用户出发，发现他们在真实状态下的行为、思想、情感与产品之间的关联；对这些要素进行创意、加工和升华，用可视化的图文、视频等方式表达出来；这就是"内容就是流量，流量带动消费"的核心逻辑。

场景化营销的关键点是展示价值，是借商品表达用户精神、生活态度和生活哲学。品牌必须将用户的生活逻辑贯穿起来，有机融合文化与情感、个性，成为一种社会化语言，表达用户的生活信仰，品牌成为用户的心灵家园是场景化营销的终极目标。

二、中国茶，一直走在场景化的路上

场景营销是一种革命性的商业力量，是一个被众人追赶的风口。场景营销看似十分热闹，因为毕竟是一个新事物，对于众多行业而言处于有方向、无方法的摸索阶段，但中国茶早在这条路上走了很多年。

茶是中国的原生产业，产区多，品类多，品种丰富，外形千姿百态，汤色、口感、滋味各具魅力，多姿多彩的物性几乎满足任何人对茶的想象。无论多么独特的需求，总有一款茶可以提供解决方案。

茶内容更丰富，从茶山到茶园，从茶园到茶杯，富含历史、地理、人文、技术、民俗等诸多内容，简直包罗万象，这么丰富的内容源头是大众的生产与生活，与人自然亲近，富集的内容让茶有强大的链接能力，无论阳春白雪还是下里巴人，同时链接毫不违和。

茶不仅仅是一片味道不错的树叶，人们嘴里品到的是美味，胃里感受到的是健康，内心体会到的是清雅，表现的是人生哲学，彰显出生活信仰。实与虚结合的茶，是用户的自我映射，是一种社会化对话语言，它升华成了一个超级符号，满足场景下瞬时价值传送。

茶的冲泡与品饮是一门艺术，从器具选择到空间布置，从温杯、醒茶到冲泡，每个环节、每个细小动作都流露出艺术的优雅，让人们认识茶、理解茶、喝好茶，更感受茶之美和生活之美。茶，让身居闹市的人们通过艺术化的品饮体验，体会诗和远方，让生活有仪式感，让人们爱上它。

中国茶从诞生之日起就自带场景，与生活场景一直都是无缝连接的，这是中国茶独有的魅力。

三、中国茶，场景营销四部曲

中国茶一直走在场景化的路上，虽已领先很多年，但一直是无意为之，并没有有意识地运用场景逻辑去构建品牌，因此场景营销的收获一直不大。

场景营销是信息时代才开始探索的营销新理论，至今还没有形成一套完整的体系，但已经探索出具有广泛性和适用性的框架。中国茶要打好场景牌，大体可以分为四步。

1. 换视角，关注人

场景因人而生，茶叶品牌开启场景化之旅必须先关注人。

"关注人"，看似一句很简单的话，实则是一件不容易做到的事，必须改变中国茶的底层思维。

中国茶的基础是农业，中国农业历史太久、惯性太强，其关注产业前端的习惯也传导给茶产业并流传至今。具体而言就是中国茶擅长吃资源禀赋这碗饭，更多强调产区历史有多久、自然环境有多棒、茶园生态有多好、茶树有多优、制茶技术有多牛，对消费者关注并不多，自嗨情结有点儿重。

关注人就必须换上用户的眼睛看茶，换上用户的嘴喝茶，装上用户的心感受茶，以此重新定义茶，再倒逼产业链，才能做出一杯走心的好茶。

关注人还必须了解人们为什么喝茶，弄明白人们借喝茶表达什么样的情感，承载什么样的希望与梦想，宣扬什么样的价值。把用户的期望植入茶中，让茶成为用户的映射，通过喝茶，用户能发现自己，成就自己的幸福。

2. 换方法，建内容

中国茶一直努力成为用户的日常，曾经的方法是比音量，让更多的人知道，以此来影响购买决策，进入更多人的生活。

互联网时代是一个用户做主的时代，用户拒绝被动接受，希望双向交流。这就要求必须换一种方式，告别比音量，开始建链接，品牌才能接入用户的生活场景。

链接的基础是内容，做内容就必须有媒体化思维，因此笔者认为未来中国茶业只有一类企业——媒体企业。

中国茶的内容十分丰富，从茶山到茶园，从茶园到茶杯，种茶是技术，泡茶是艺术，喝茶要有仪式感。

中国茶丰富的内容如何才能变成链接力？第一，必须将传统的茶文化现代化；第二，必须用用户的语言习惯来表达；第三，必须用图文、音频、视频等多种方式表达；第四，必须将内容数字化，润物细无声般地把用户包围，既不主动干扰用户，需要时又能及时出现，快速解决用户识茶喝茶的问题，才能把茶接入用户的生活场景。

3. 换思维，立价值

用户场景化喝茶具象在特定时空，此时一杯茶不仅仅是一种好喝的天然饮品那么简单，还有特定的情绪和情感要表达。这种特定的情绪和情感表现用户的生活方式、态度与哲学，也就是一杯茶中融入人生观、价值观，这是用户对茶的新定义。

中国茶当下的主流思想还是物性，大家拼命说自家茶好，比山头、拼工艺还很流行。中国茶必须提档升级，从打物性牌到打价值牌。茶的价值是一个体系：一是物性价值，即口感的享受及健康功能的体验；二是精神价值，即茶带来的精神愉悦；三是生活哲学价值，即借茶宣扬生活态度、人生信仰。这样就让茶由实入虚，从生理到心理全面满足用户。茶由物性升华为一种价值观和人生哲学符号，这才是中国独有的文化茶、社交茶。

4. 换手法，创仪式

用户为什么喝茶？这有更深刻的原因。

普通人生活日复一日，年复一年，单调重复，再强大的精神力量也会被侵蚀掉，变得毫无激情。

信息社会不仅节奏快，而且比较无情，有工作的压力，更有生活的无奈。人虽在现实中苟且，心中还有梦想、诗和远方。

单调的生活需要仪式感，借用简单器物与动作为生活植入诗意，让人们生活天天不同，每一天都有趣、鲜活，在平凡中找到前进的动力与勇气。

曾经茶企为了打动用户，几乎无品不打折，无品不促销。今天这样一个时代，单纯依靠打折促销已经不能打动消费者了，茶企必须制造仪式感，不断为用户带来新的视觉和感觉冲击，才能持续获得用户的关注。

茶创立仪式感并不难，将场景下消费体验的每个动作、每个程序赋予消费功能以外的体验，获得超脱于产品之外的满足感。将动作、流程固化为习惯，就会产生一种独特的仪式感，让喝茶变得有诗意，让生活变得更美好。

四、场景思维，塑造集群品牌

场景营销是个大麻烦。空间是分割的碎片，时间是瞬时的节点，场景就是超级碎片，而场景营销要求基于每个场景提供产品。对茶企来说，场景营销是不可能完成的任务；对用户来说，场景营销不仅会掏空他们的钱包，还会耗光他们的精力，这对双方都是不可承受之重。

场景营销不是产品与场景的一一对应，而是聚合。场景是动态变化的，人无法重现完全相同的场景，但有些场景是相似的，把相似场景中高黏性与高频次应用功能集合在一起，就实现了场景化的产品解决方案。

场景营销就是在特定时间、特定空间去感受茶，这个感受除汤色滋味和情感态度宣扬外，更重要的是基于时间价值进行产品重构。更直白的说法是，新时代的消费者大多处于忙碌状态，对喝茶这点事，希望有个性，还要多快好省。诸多场景下的茶由一个品牌解决，驱使茶走上扩充时间、空间总容量之路。

场景化喝茶，首先要考虑的是用户喝茶的品类总是在变化。茶叶品牌的起点是地域物种，是单一品类，为满足用户多元化需求，突破单一品类，覆盖多个茶类是茶叶品牌扩容的标准动作。

茶的品类是有个性的，不同品类的茶不仅难兼容，而且相互矛盾。比如，绿茶偏寒，红茶偏暖。如何才能将不兼容，甚至相互排斥的物种聚合在一个品牌之下，而且不违和，是一个技术问题。

支撑茶品牌的三个核心要素是历史文化、地域物种和工艺。在这三个核心要素中，地域物种是基础，工艺放大地域物种优势，历史文化是茶叶品牌的基因。地域物种与工艺是刚性的，无法扩展，历史文化则集自然环境、人文、民俗、民风等多种因素于一体，是带着区域标签的亚文化，有包容性和兼容性，从底层逻辑上讲，茶品牌可以突破物种限制，实现多品类覆盖。

用户场景化喝茶，是瞬时性的情绪和情感表达，受瞬时情绪和消费文化引导，消费文化是全球文化与区域文化相结合的产物，中国人对传统的根文化（原生区域文化）情结很重，故消费文化表现出很强的区域性。基于区域文化去扩容，覆盖区域的其他品类，不仅不会破坏茶叶品牌的文化基因，用户还会自然接受，也乐于接受。

中国茶产区一般多茶类共生，市场实践中很少有单一物种品牌，龙头茶企大都走过从物种品牌出发，运用文化的包容性覆盖区域的主要茶类，最后实现集群品牌的道路。比如，徽六从六安瓜片这个物种品牌起步再扩容，最后建成集瓜片、祁门红茶、黄山毛峰、太平猴魁等区域主要品类于一体的集群品牌。

五、集群品牌的塑造之法

集群品牌的塑造之法有两个：一是大企业追求一步到位，从诞生之日起就覆盖多个茶类；二是小企业运用加法原理分步推进，即先做一个核心品牌，在市场立住脚后再进行品类延伸，最后覆盖多个品类成为集群品牌。

无论采用什么策略，都有共同的原则需要坚守：第一，品牌与企业必须保持中性，没有具体的品类联想；第二，必须找一个区域文化概念串起诸个品类；第三，企业只有扎根于产区，区域文化概念才能生存。

集群品牌还能拉长价格线，物种品牌小而美必须走中高端路线。集群品牌要满足场景化需求,就必须进行全价值覆盖。

用户喝茶场景化体现的仪式感有差别:同一个茶种,在社交场景下,希望其情感丰富一点儿,就会驱使茶脱实入虚,让茶价格脱敏;在自饮场景下,希望回归到健康好喝的基本物性,就会挤干茶叶品牌的水分,还原茶饮品的物性。

集群品牌必须拉长品牌价格线,玩产品深度,从日饮产品到高端产品全价格覆盖成为基本原则。比如,竹叶青、小罐茶推出的生活茶本质就是打全价格链牌。

第四节 全域品牌,价值重构品类边界

茶是一片很神奇的树叶,其魅力不在于"色香味三美",而在于茶能载道。

茶从药性起步,但其药性并不强,不能当药吃。

茶以形美著称,虽形态各异、婀娜多姿,但总体不算惊艳。

茶因口感受欢迎,但论口感,无论讨喜性还是普适性,都有局限性。

从物性的角度谈茶,很难讲清楚为什么千百年来中国茶长盛不衰;为什么人们喝茶上瘾,一喝再喝,根本停不下来。

事实上,牵引中国茶一路前行的力量是茶道。

一、茶,东方生活哲学符号

中国茶起源于神农尝百草,这虽是非信史时代的神话传说,却决定了中国茶的基因——不仅是一片树叶,还是物质和精神的复合体。起源故事为茶植入了丰富的内涵,使其极具活力,并随着历史的沉淀不断扩大、延伸、创新,凝结了中国特色茶道——东方生活哲学。

一是以茶为俗。茶全面入侵生活,不仅小事要参与,大事更要见证,茶成为人们生活不可或缺的一部分,待客、结婚、丧仪、祭祀、宗教等民族风情,茶无处不有,早就凝结成一个生活符号。

二是以茶示礼。中国是礼仪之邦，茶有文化性、物质性、艺术性，能传达中国礼仪的核心价值，一直是有共识的礼品。亲友相见，人际交往，政商交流，邦交往来，客来敬茶，以茶示礼，茶既是交流媒介，又是社会礼仪的使者。

三是以茶为艺。从茶园到茶杯，链条长、节点多，制茶、烹茶、品茶等活动自然就成了艺术创作之源，毕竟艺术来源于生活。茶一直是历代文人墨客创作的主题，内容丰富，形式多样，艺术价值较高，文助茶盛，一杯中国茶书写了半部中国史，茶成为华夏文明的符号。

四是以茶为乐。产茶之地自然风景很美，也一直是寄情田园的重要选择。中国茶人是有智慧的，在采茶、制茶、饮茶时创造出内容丰富的茶歌茶舞，记录种茶、采茶、制茶、喝茶历史，是研究茶史、研究社会文明的活化石。

五是以茶养性。茶之性需要静静地品味，这与中国静以修身的哲学挂上了钩，茶成为人生修行的一种方式，以茶养身，以茶雅志，以茶行道，茶从单纯的饮品变成慰藉心灵的琼浆玉液，升华为精神修为的一种媒介。

中国茶从来就是物性与精神的复合体，喝到的是舌尖上的美味，表现出的是生活方式，追求的是心灵上的满足，实现的是自我价值。中国茶是华夏文明符号，是东方生活哲学的符号，这是中国茶的底层逻辑，是支撑中国茶从历史上走来并一直走下去的最坚定的力量。

二、三重架构——中国茶的价值体系

茶这片树叶历史太久（数千年）、链条太长（从茶园到茶杯）、节点太多（几乎无法完全统计）、附着力太强（每个节点都植入深刻的思想）、内容太丰富（包罗万象），丰富的内容承载着思想和精神，凝结成立体的价值体系。

价值第一层：用户映射价值。用户喝茶从来就不是单纯品饮，而是以茶为媒，表现一种生活方式，表达一种生活态度，展示人生观和价值观。茶从来就不是一片冰冷的树叶，而是有情感、可触碰、可拥有的一种生活哲学，是用户自我价值的映射。

价值第二层：文化审美价值。中国人从来就没把喝茶视为一件简单的事，而是一种文化现象和审美；历史上的茶与儒家、释家、道教等传统文化有着千丝万缕的联系，茶文化形成了一个有机体，融入了大众的生活。茶诗、茶词、茶画、茶赋、采茶戏、茶歌、茶舞等丰富了茶文化内涵，增强了我们的文化自信。

价值第三层：产业文明价值。中国茶是中国农耕文化的代表，体现了尊重自然规律，人与自然和谐发展的思想，产业体现出精耕细作的定力、艰苦奋斗的韧劲、匠心精神的延续，无论精神价值，还是思想价值，都是超经济、跨时空、跨地域的，具有普适价值，是全球通用语言，是人类共同的财富，能打破地域和时间的限制，让中国茶走出国门，走向世界。

三、价值驱动，全域品牌诞生

"价值"二字听起来很玄妙，但绝不是玄学，而是中国茶叶品牌建设的引擎。

中国茶的总体特点是大产业小企业，大品类小品牌。运用三角模型可以让小品牌变得很美，也可以让小品牌实现"剩者为王"。经典营销理论认可这种品牌模式并为其点赞，但在市场实践中从业者总觉得差了点儿意思。

"大"几乎是人类文化的精髓，人们对大总是心存敬畏，有着原始图腾崇拜般的情结。"大"在中国语境中代表着市场份额，代表着话语权，代表着吸引眼球，代表着媒体的关注，代表着政策的支持，代表着消费者的热捧，代表着资本的青睐……"大"，几乎代表着一切。商业实践中自然十分推崇"大哲学"，每位创业者都是有梦想的，无不朝着一个共同的方向——大企业、大品牌奋斗。

中国茶当下的使命，一是承担起乡村振兴的责任，二是参与全球竞争，重回世界之巅。小而美的企业与品牌如果能铺天盖地，那么确实能实现产业综合价值最大化，是乡村产业创新的重要方式。小而美再美也只能在国内，无法参与全球竞争，要参与全球竞争，必须得是大企业大品牌才行。中国茶人多数有梦想，他们改变世界茶格局的愿望十分强烈。

茶企强大之法是选择标准化赛道，可标准化赛道容量往往有限，是少数派玩的游戏，且多是外行入侵者。更多的中国茶企运用的是三角支撑模型，做的是文化茶，这个庞大的群体是否能改变小而美的命运？答案是肯定的，从集群品牌再出发，进一步扩充品牌的时空总容量，覆盖全品类重构品牌边界。第一，可以形成规模叠加；第二，可以充分利用品牌资产；第三，可以提高渠道占有率；第四，可以实现连带销售；第五，可以增加用户覆盖。

用户对全品类构建是什么态度？用户喝茶，需求十分多元，一天、一年、一生喝茶各不同。一生喝茶，年轻时喝不发酵或轻发酵茶，年老喝重发酵茶；一年喝茶，春湿适合喝花茶，夏热适合喝绿茶，秋燥适合喝乌龙茶，冬寒适合喝红茶、黑茶；一天早上喝红茶暖胃，下午喝绿茶提神，晚上喝黑茶解腻。用户又忙又懒不想太复杂，喝茶这点儿事，希望多快好省"一站式"解决，即一个品牌便可提供其所需要的全部茶。

产业两端都有强劲的力量驱动茶向全品类品牌靠近，突破物种限制，建设集群品牌，从集群再出发覆盖全品类，对此中国茶一直在努力。全品类实践起来十分困难，茶种和技艺有独立的个性，茶文化有地域限制，因此中国茶更多的是集群品牌，覆盖全品类，茶企一直在寻找解决办法。

全品类品牌解决之道就是用价值体系去重构品牌边界。茶在用户价值上代表生活哲学，在文化价值上代表审美，在产业价值上代表文明。这些都是"普世价值"，有很强的覆盖能力和包容性，任何一个价值点都可以解码成多种文化，打破地域的限制和品种的区隔，能把不同属性的茶类聚合在一起，实现全品类覆盖，田友龙这厮把这种品牌模式称为全域品牌。

全域品牌不仅在逻辑上有合理性，在实践中有可操作性，且当下已有成功的案例。比如，中国茶技术复杂，流派众多，技术是不共享、不兼容的，一直带着手掌的温度，复杂的技术背后有共同的价值支撑点——工匠精神，小罐茶便破译了这个密码，用"大师作"这一工匠精神连接全品类，塑造了中国第一个全域品牌，成就了一个现象级的茶品牌。

四、四个基本原则——走上全域品牌之路

全域品牌一直是多数中国茶想干又不敢干，更难干好的一件事，小罐茶的实践让人们看到希望：以小罐茶为蓝本，结合价值体系思想，基本上可以找到全域品牌建设的方向与方法，总结成以下四个基本原则。

第一，三角支撑是基础。全域品牌并非要"去产区化"，其基础是特色主流物种，其原则是多物种共建共生共享，单品类支撑仍是物种、工艺、文化这个三角模型。区域符号十分鲜明。

第二，区位势能是前提。要覆盖全茶类，企业就必须与产区脱钩，茶企不仅要远离产区，而且要有影响全产区的能力，因此企业总部必须建设在一线或新一线等少数高位城市，如此才能覆盖辐射全国，才有可能支撑起全域品牌。

第三，名字包容性是关键。要覆盖全品类，品牌名与企业名需中性，无任何产区品类联想，更重要的是要有包容性，覆盖能力能突破品类边界，这对企业而言是一个巨大的挑战。

第四，价值普适性是灵魂。全茶类是一个十分复杂的概念，物种与文化都有多样性，因此，要串起全茶类，品牌就必须用价值引领，找到一个"普世价值"概念，覆盖所有品类，让彼此冲突的亚文化兼容，这是一个技术活，难度很大。

全域品牌的品类概念是大类和亚类概念，并不是小类概念。中国茶小类较多，把复杂的小类一网打尽是不可能完成的任务。只有经得起品类认知度、品类规模性、品类发展潜力筛选的品类，才是构建全域品牌的基石。

第五节 簇群品牌，共识打通全产业链

"茶企肚子大，生堆品牌打群架。"这是田友龙这厮对茶企品牌战略的戏说，话糙理不糙，道出的是茶企品牌的终极目标——品牌多元化。

茶企成长的基本法则是做加法，物种品牌、集群品牌、全域品牌都是单一品牌策略，加法原则是一个品牌主体下的产品延伸，品牌多元化是产品延伸的升级，茶企在考虑到产品之间既有相对统一性又有各自独立性的情况下，采用多品牌策略，通过品牌协同达成市场价值最大化。

一、品牌多元化，中国茶界早已大行其道

竹叶青是中国绿茶领袖，早已突破单一绿茶品牌的边界，开启绿茶品牌竹叶青、红茶品牌万紫千红、花茶品牌碧潭飘雪等多品牌共舞的模式。但这未填满竹叶青扩张的雄心，它还推出了一个生活茶品牌——茶几味。

中茶厦门是区域市场的王者，茶叶爆品打造机，品牌多元化玩得很纯熟，终端连锁系统扛起中茶品牌这面大旗，区域性特色产品如乌龙茶，大众口粮茶整合在海堤红名下，新国潮茶则亮出敦煌这个招牌……

大益是普洱茶类金融模式的开创者，对品牌多元化青睐有加，一直在品牌多元化的道路上狂奔，大益茶、益元素、益工坊、拾春记、大益膳房等诸多子品牌构成了其独特的产业生态。

商业的基本常识是，精彩的个案最多算是谈资，只有欣赏没有借鉴学习价值，而集体行动才具有普适性，代表规律，有研究价值。

茶界头部企业的集体行动显然代表一种方向，预示某种规律，弄明白很有必要。

二、中国茶，经典理论的尴尬

茶是一个很特殊的产业，不仅让很多雄心勃勃的跨界入侵者无功而返，更厉害的是让经典营销理论失效。

定位论，号称"商业史上对营销影响最大的理论"，其核心思想是一个品牌代表一个品类，中国茶产业万马奔腾千百年，没有任何一个品牌能代表一个品类。

战略观，通用战略理论，企业必须是专业主义者，以聚焦为第一原则，而茶产业从未遵守过聚焦法则，茶企规模不大，但多元化玩得风生水起。

品牌法，产品追求规模效应，讲究单品突破，卖点强调少就是多。可是茶品牌产品很难形成规模，唯有多品围攻才能突破市场，一个产品必须有几个价值点才能打动用户。

茶屡屡让经典理论失效，并非茶是什么异类和怪物，问题出在经典理论上。经典理论是工业时代的产物，工业化的责任是解决有无的问题，经典理论的基本思想是低成本推动产品普及，一般路径是人无我有—人有我新—人新我优。

茶，无论放在柴米油盐酱醋茶的视角下看，还是以琴棋书画诗酒茶的标准来解读，都不是生活必需品。茶虽然很重要，但没有茶，生活也这么过，茶是吃饱喝足后彰示个人品位、兴趣，表达个人价值观的产品，品牌的底层逻辑用价值支撑。

价值逻辑，物质层面的功能是基础，用功能承载价值主张，彰显人格标签是基本原则。品牌与用户在生活哲学、价值观上必须达成共识是关键，以有无为基础的经典理论社会属性并不强，自然无力承担此重任，经典理论与茶的冲突也就可以理解和接受了。

三、中国茶，共识的文化世界

茶从历史走到今天，底子是农业，特点是服务，基因是文化，由于与生产生活紧密相连，孕育出丰富的文化内涵，长久的时间沉淀形成五大文化共识。

一棵茶树，根深叶茂，写下了中国农业因地制宜，精耕细作，追求天时、地利、人和，以及自然界诸物和谐发展的思想。一杯茶传递出的是和谐的农业文明。

茶叶，很轻很小，每片精心雕琢，带着手掌的温度。千年茶史，传承技艺的同时，也传递了耐心、专注、坚持的精神。茶是中国工匠精神的标签。

一片茶，沉浮在帝王将相的珍馐玉器中，也起落在寻常百姓的粗茶淡饭中，记录着世间百态，有浓浓的生活气。一杯茶映射出生活哲学。

一杯茶，从古至今，从未缺席，泡出一个5000年古国的发展历史，亦漂洋过海泡出整个人类文明的发展轨迹。一杯茶沉淀的是历史文明的印痕。

一部茶史，记录着各民族自然浓郁的生活气息，也记录着浪漫的艺术情调，从茶中开出的诗词歌赋等多种艺术之花，成为中华文化的一部分。一杯茶升华为华夏文明符号。

茶文化是一个有机体，虽多却并不乱，前端承载和谐发展的产业思想，中端附着匠心传奇，后端体现生活哲学和审美，以物种为载体连接在一起，成为具有共识的文化世界，中国茶与中国历史一路相随。

四、用户，以茶为媒建圈子

用户喝茶，千百年来一直延续，一方面在于茶这片树叶汤色滋味的吸引力，另一方面在于茶一直是社交工具。

人，生而为社交，远古社会迫于生存压力，不得不社交；近代社会因分工协作，不能不社交；当下及未来社会，人越来越寂寞，为找到安心之处，更需要社交。

社交，本质是物以类聚、人以群分，通过共同的兴趣爱好，把分散在五湖四海、志同道合的人聚合在一起，获得身份认同，建立同频共振的小圈子。

社交追求思想同频、价值共振，而思想与价值是相当抽象的，理解易出现偏差，表达的基本原则是"喻隐以明，喻软以硬"，因此抽象隐晦的思想最佳的表达方式就是映射到器物上。

这个器物很不好找，要满足以下几点：第一，器物本身有丰富的文化内涵，能与诸多亚文化碎片连接；第二，器物必须有共识基础，不用创造第二语义，也不会引发歧义；第三，器物本身有广泛的群众基础，并被多数人认可接受；第四，器物社会属性强，社会属性大于物性。

中国有全球最完整的产业链，经得起这四把筛子过滤的产业并不多，但原生行业有两个，一个是茶，另一个是酒。茶是具有共识的文化世界，可以通过以茶待客、以茶会友、以茶联谊、以茶示礼等多种方式，与人建立广泛链接，通过说茶、喝茶、论茶体现生活哲学、价值观，建立起有共同信仰的圈子。茶的强大社交属性让其魅力不减，数千年吸引力依旧。

五、共识驱动，簇群品牌诞生

茶是具有共识的文化世界，丰富的文化支撑立体的价值，能打破品牌单一价值，建立全价值体系，驱动品牌多元化；富集的知识，可以串起多个品类向泛品类发展；品牌结构上，驱动单一品类强关系结构向多品类形散而神不散的新结构发展。

用户以茶为媒建圈子，因共同的兴趣爱好，一个人对茶的喜爱会引发一个圈子对茶的热爱。新一代消费者基于时间价值，希望获得"一站式"喝茶解决方案，这也将推动茶品牌从产品向全产业链生态升级。

在茶叶文化共识的链接下和用户"一站式"需求驱动下，茶叶品牌进行重新组合：产品丰富，突破品种限制，打破品类边界，连接茶周边，构建起全生态以满足用户茶生活。由于产品太多，内容太丰富，价值多元，这个生态体系根本不可能聚合在一个品牌下，必须提供不同价值的品牌与之匹配，这就形成既有相关性又有独立性的品牌矩阵，我们把这种品牌矩阵叫"簇群品牌"。

中国茶企规模不大，打造簇群品牌的企业不多，其中，中茶是典型代表。不仅仅是中国茶，全球多数原生性、文化厚重、以消费者个人判断为基础的产业，终极目标都是走簇群品牌之路。全球有一大批声名在外的同道，比如，欧舒丹家族以及我们十分热爱的一些奢侈品，都是簇群品牌的践行者。

六、四步，建成簇群品牌

簇群品牌品类多，产品丰富，更重要的是知识富集，价值多元，好似无主题的大杂烩——簇群品牌并不是一个筐，不是什么产品都可以往里面装，十分注重逻辑，重视规则，讲究方法。

一是文化共识。簇群品牌通过文化共识连接而成，必须从文化出发，才能支撑这个庞大的体系。簇群品牌文化共识有三种连接方式：第一，品牌凝聚的"普世价值",虽然品类文化可能有差异性,但品牌文化的"普世价值"是一致的,可串起不同文化整合成品牌生态圈,如竹叶青用产品之后的价值体系把绿茶、红茶、花茶三个独立品牌联结起来协作互动,建成共生共荣的品牌生态圈;第二,母子品牌二级驱动策略,即母品牌做普适价值,子品牌树个性价值,区隔又关联,形成品牌簇群;第三,企业背书,企业使命愿景、核心价值观都具有哲学思想和广谱性,自然可以为多品牌背书覆盖全产业链,如中茶系使用企业背书策略建成簇群品牌生态。

二是锁定精众。簇群品牌是多品牌,但与曾经的多品牌做法有本质的不同。曾经做多品牌是为了覆盖更多的用户,簇群品牌建立在多个亚文化圈集结成的社群之上,其目标不是覆盖一个大社会,而是深度服务一个社群,不追求覆盖的广度,而是追求接触的深度。更直白的说法是,曾经做多品牌是为了把更多的产品卖给更多的人,簇群品牌则是为了把更多的东西卖给一群人。

三是坚实中心。簇群品牌产品多,品牌多,但不是平均主义,更不是"去中心化",簇群品牌坚持中心主义,没有中心就没有支撑主轴,叠加就没有基础,自然聚合不成生态。茶企必须修炼内功,先打造一个有影响力的品牌,塑造一个有市场地位和规模的核心品牌,构建起企业自己的知识体系,才能形成文化共识,才有破圈建簇群的能力。

四是从核心到簇群。通过核心品牌连接用户,获取用户个性化的小数据;发现用户生活场景下多样性的相关需求,不断完善用户需求图谱,走上品牌多元化之路,茶叶文化的多样性引导茶向多品类延伸,茶文化的包容性自然就连接到了茶器,以器引茶的场景体验与仪式感又连接到茶周边,凝结成茶生活,构成多元、多样的簇群品牌。

第六节　超级品牌,资本重建产业生态圈

资本赋能,突破规模瓶颈,助力企业加速跑!

茶业面临的一大尴尬是"产业乐观，品牌有点悲观"，一直贴着"大品类，小品牌"的标签。茶品牌一直面临两大瓶颈：一个是规模瓶颈，即"规模不大，企业不强"，另一个是速度瓶颈，即"成长速度较慢"。

产业革命和变迁有两大驱动力：一是技术，二是资本。茶底子是传统农业，技术融入度不高，加之技术本身是慢变量，技术引发产业革命一直是小概率事件，因此让茶突破困境的重任只能交给资本。

资本对于企业来说，不仅仅是给钱花那么简单，还可以帮助企业解决诸多成长问题：经营正规化和规范化问题，企业结构和业务结构选择问题，对人才的吸引力问题，企业公信力树立问题，引入先进思想和模式问题……

资本加持改变企业价值创造模式，重建竞争力。可不要小看这个改变。全球竞争背景下，一个企业能够成功，技术是基础，引擎却是价值创造的方式。

一、资本为何不喝中国茶

茶一直在呼唤甚至主动追求资本，但资本对茶的态度却相当冷淡。

茶不受资本待见中国营销人都知道，事实和数据更有说服力：在A股4000多家上市公司中，中国传统茶企至今还是"一股难求"。

冲击A股，中国茶企一直在努力。仅2021年就有澜沧古茶、中茶集团、八马3家头部企业向A股发起冲锋。可惜，澜沧古茶临阵退缩；八马更是一波三折，先是被中止，后虽恢复审核，但前景仍不太明朗；中茶集团还在上市路上"潜行"，至今佳音未至。要想在A股"喝"上茶，还得耐心等待。

茶在资本市场上可以说是"姥姥不疼（上市难）、舅舅不爱（融资亦难）"。相对于茶界新物种——新茶饮风景独好，动辄数百亿元的估值，轻松拿下数亿美元融资，甚至迅速上市，传统茶企只有流口水的份儿，不仅近年在资本圈显得相当落寞，即使翻老皇历，成功融资的案例也屈指可数。

资本不喝茶，既有主观原因也有客观理由，客观上中国茶的确不适合当下资本的逻辑,主观上资本并不成熟,对产业价值的认知偏差较大。

1. 资本眼中中国茶的缺点

资本不爱喝茶,因为在资本眼中,中国茶缺点一大堆。

第一,茶企从茶园到茶杯的全产业链模式,不符合现代经营分工协作的理念。

第二,茶产业农业属性强,技术含量低,靠天吃饭,不确定性太大。

第三,茶产业缺乏标准,没标准就无法实现工业化、集约化和现代化,没有扩张的基因。

第四,茶产区多、品类多,品种更多,难以形成大单品,市场碎片化,没有规模效应。

第五,茶文化历史太悠久、太厚重,显得太老气,很难满足"新新消费者"的需求。

第六,茶产业高度分散,天花板可预见,增长速度慢,投资回报率低。

2. 资本正值青春期不成熟

中国茶不完美是事实,但我们不能因此判定中国茶没有投资价值。茶不入资本法眼,与中国资本处于躁动的青春期和中国市场机遇有关。

资本在中国市场是新事物,诞生的时间不长,现在正值青春期,又赶上了中国这个人口大国从农业社会跑步进入信息社会的大变革时代,新技术、新材料一日千里,以至于三五年就会形成一个大产业风口,这是人类历史上最大的一次财富创造,高增长、高回报项目层出不穷。

中国市场融资最大的特点是渠道比较单一,项目多、资本少,资本在投融资活动中一直处于主导地位,掌握话语权,走到哪儿都是香饽饽,对热门行业和企业都有点应付不过来,也就无时间更无闲情去关注茶这类慢产业。

中国投资界十分看重标杆效应,几个互联网成功案例的反复激荡,使投资者把目光转向寻找可以改变世界的新产业,因此茶这类传统产业自然被屏蔽。问题是,真正革命性的商业机会本就是小概率事件,很多看起来很美（有机会改变世界），后来证明是伪概念，却引来大量资本追捧，结果一地鸡毛，比如共享单车，就是资本在为自己的不成熟买单。

中国投资圈流行大拇指定律，说的是每十个风险资本投入的创业公司中，平均会有三个垮台，三个成长为市值一两千万美元的小公司后停滞不前，最终被收购，另外三个会上市且有不错的市值，只有一个会成为耀眼的"新星"，被称作"大拇指"。所以，大家在投资过程中往往注重对商业模型的分析和对数据的推演，不注重对产业和实业进行深入研究，只要推导出有一统市场的机会，就会大胆博概率。茶行业是分散型产业，在数据分析和模式推演上不会太好看，甚至有点难看，很难拿到资本俱乐部的入场券，这是资本价值缺陷和结构缺陷的表现。

二、资本喝茶时代即将到来

资本当下不喝茶，并不代表未来不喝茶，未来资本不仅要喝茶，而且抢着喝的概率相当大。

1. 产业新风口

当下的中国已成为世界第二大经济体，基础设施与完善的现代工业体系已建成，有相当多产业出现产能过剩，转型升级为中国经济的主旋律。

中国的产业结构是中间群体十分庞大，顶天产业与立地产业相对较弱，顶天即处于顶端的前沿科技，立地即传统的农业。转型升级的关键是抓两头促中间，茶是农业产业化和品牌化的排头兵，正从冷门产业变成热门产业，即将成为新的风口。

2. 投资新理念

资本爱追风口，是中国从农业社会跑步进入信息社会释放出大量的机遇牵引所致，这种机遇无论是在产业史还是社会发展史上都属于小概率事件，未来此类机遇会越来越少。

资本既享受过风口的红利，也没少受风口的伤，如B端电商共享单车等诸多风口变成一地鸡毛，吃亏上当促使资本进行反思，价值投资开始受追捧。对产业和行业深度研究归来，传统产业价值被发现，回归传统的共识正在形成，连马云都说"未来属于传统产业"，茶这种原生产业将曙光初现。

3. 增长新模式

资本界曾追求速度，也曾创造速度奇迹，这并不是中国资本独有的现象，而是中国市场增长的通用模式。中国市场起点较低，又要与全球巨头进行不对等竞争，制胜之法唯有以快打慢，曾经快是中国市场的核心竞争力。

现在中国作为世界第二大经济体，以创新、协调、绿色、开放、共享为新发展理念，经济发展不再单一地追求速度，而是向高质量、可持续发展转变，所以资本必须调整其增长模式，与中国经济增长模式同频。

4. 资本丰盈时代到来

近几十年来，中国经济突飞猛进，百舸争流，对资金的需求十分强劲，很长一段时间是项目多、资金少，资本掌握着商业的话语权，但这个时代即将翻篇。

现在中国已全面建成小康社会，中国社会财富累积已相当可观，中国即将进入资本丰盈时代，市场缺的不是钱，而是好项目，项目主导时代即将到来。

5. 茶产业价值新发现

茶产业是慢产业，虽然跑不出很快的速度，但稳健且可持续发展，投资茶产业可能不会带来超额回报，但能保值，这将引起稳健型资本的极大兴趣。

乡村振兴战略背景下，茶是"农业强、农村美、农民富"的排头兵，国家战略将助推茶产业加速发展，茶由"小时代"进入"大时代"，将对资本产生巨大的吸引力。

中国茶文化多元，品类多，品种丰富，技术体系复杂，这是信息时代柔性化生产的基础和个性品牌的基因，有巨大的想象空间，未来魅力无限。

茶不受资本待见的日子即将成为过去式，不久的将来，茶在资本眼中将由路人变成常客,甚至是贵客。

三、资本加持构建企业生态圈

资本是一种外部力量,也是一种革命性力量。这种力量长于整合资源,放大生产力,完善产业链,创建新的商业模式。在资本加持下的中国茶,将重建使命,开启包容式发展新模式;重塑商业模式,重建市场逻辑;重建生产方式,重构核心竞争力;重塑产业结构,重新确定边界,建起企业生态圈。

1. 重建使命

新时代,茶是乡村振兴战略的重要支点,必须承担"农业强、农村美、农民富"的责任。茶企必须成为"绿水青山就是金山银山"理念的践行者,以及包容式发展的引领者。

中国茶企要倡导经济价值与社会价值并重,承担起一个伟大的使命——让人类生活更美好;引入一种新的可改变消费者生活的商业观点——做一个合格的公民,平衡眼前利益和长远利益,追求可持续发展。

新使命需要用资本整合协调员工、顾客、合作伙伴、投资者的关系,实现企业与员工、与产业链上下游、与自然、与社会、与未来和谐相处,这才是中国茶企最需要的生存智慧。

2. 重构商业模式

当下茶叶市场之战是企业之间的战争,未来茶产业竞争将是产业链的竞争。茶产业从茶园到茶杯,不仅链条长,而且重交易、轻关系,必须整合供应链,重构商业模式,将交易关系发展为战略伙伴关系。

新的战略型关系建立以品牌为旗帜,以资本为纽带,打开边界,把全产业链的相关者由博弈关系变成利益均沾的"一家人",开创"一家人,一盘棋,一体化"变革战略模式:全供应链高度统一价值观,高度统一思想,统一市场步伐,激发集体协同创造力,共同创造未来。

3. 重构核心竞争力

中国茶产区多,技术繁,品种多,运用柔性化生产可以与信息时代的个体经济完美匹配,实现跨越式发展。

柔性化生产,说起来简单,做起来很难:第一,需要钱;第二,需要技术;第三,需要人才。这些可以说是中国传统茶企的短板,却是资本的强项。借资本整合技术与人才,让中国茶跳过还未彻底完成的工业化,用信息化柔性生产重构核心竞争力,参与全球竞争,从而引领全球产业新风向。

4. 重塑产业结构

资本加持茶企,必然追求规模与速度,打破原有品牌框架,改变价值创造模式,从前端到后端打通全产业链,建立起闭环生态圈,打破规模瓶颈与速度瓶颈,按下发展加速键,助力茶企加速跑,造就现象级的茶叶品牌和企业。

(1) 核心资源控制

全产业链竞争思想,基础是通过核心进行扩张。因此,资本整合茶产业,第一步就是加强核心资源的控制,夯实生态基础。核心优势资源包括:

①有影响力、知名度与美誉度的产品品牌。

②有柔性化生产能力的现代化工厂。

③有动销能力和吸纳流量的现代渠道。

④有稀缺的、个性化的茶园、茶山等。

(2) 全品类构建生态闭环

资本进入茶产业,必须求规模效应,以满足用户茶生活为目标、推动茶从品类破圈,建立起全品类生态闭环。要建立起全品类生态闭环,必须做到以下几点:

①夯实核心品类,培育起忠实的顾客群体。

②满足用户"一站式"喝茶需求,建立全茶类产品辅销策略。

③以茶为核心向周边延伸,覆盖茶器、茶食、茶服等,开启茶生活,建成生态闭环。

(3) 超级品牌组合原则

以协同效应为核心思想,整合不同品类和品牌,建立满足用户茶生活的生态闭环，田友龙这厮将这种全新的品牌组合叫"超级品牌组合"。超级品牌组合需遵循以下原则：

①市场功能组合。建立战略产品品牌、重点品牌、金牛品牌、防御品牌的市场组合，使市场攻防有序。

②区域结构组合。全国品牌+区域品牌+定制品牌，既体现整体性、协同性，又突出区域市场的独特性。

③生态平台组合。用产品品牌、渠道品牌、内容IP、茶空间、衍生品及茶周边等文创与文旅构建共生共荣的产业生态平台。

四、超级品牌大幕即将拉开

超级品牌的出现是中国茶走向繁荣的标志，目前中国还没有超级品牌出现，而我们又隐约看到一点希望，比如，中茶就有一点超级品牌的雏形，八马集团正在向超级品牌靠拢，五粮液强势跨界进入茶行业，投资川红茶业集团，已迈出打造超级品牌的第一步。

中国茶从"小时代"进入"大时代"，对资本的吸引力正在增强，茶与资本共舞即将拉开大幕，中国茶加速时代即将到来，超级品牌将在不远的将来出现并引领中国全速前进。

第四章　塑造强势茶叶品牌

品牌建设是一项系统工程，没有一招鲜，没有一劳永逸。高屋建瓴做规划，创造与众不同的个性，系统平衡地推进，才能取得成功。

第一节 立愿景，树立品牌架构

向前看，以未来指导现在，这是经营的常识，也是茶叶品牌塑造第一法则。

向前看，就是愿景先行，洞察未来，放眼全局，整体规划，系统布局，确定好业务边界，引领企业朝正确的方向前行。

未来指导现在，就是向回推理，化愿景为目标，采用目标倒推法，先定目标，再找路径与方法，化大目标为小计划，制订行动方案，规划执行细节，设计好纠错纠偏措施，制定好时间表，环环相扣，步步叠加，到达彼岸。

一、向前看，成功的条件

向前看，向回推理，是品牌成功的条件。品牌今天的市场地位是昨天努力的结果，品牌未来的市场地位取决于今天的干法。

企业活在当下，却必须思考未来。为未来而战，必须目光远大，看得清未来，才能认得清脚下的路，才能有坚定信念，使命在肩使初心如磐，用心走好每一步，才能到达梦想的彼岸！

知易行难，中国企业特别是中小企业在相当长一段时间崇尚"实用主义"，通常给"向前看"贴上"空想主义"的标签，经营上追求立竿见影，十分推崇摸着石头过河。

中国茶企向前看的不多，摸着石头过河的却不少，而且摸到一块石头就认为自己找到了过河之路，不管河还有多宽，水还有多深，前面还有没有石头，发猛力快速向对岸狂奔，试探性地摸石头变成蛮干，越干越乱，造就茶界一道"独特"的"风景线"——生机勃勃,一片混乱!

一是爆品困境。茶企大多知道爆品的力量,经常会集中资源合力打造一款爆品。通常,爆品火了,却无法成为企业火车头,根本无力带动其他产品前进,爆品占尽核心概念,成为品牌的天花板,拓展空间与加载能力有限,产品升级和延伸十分困难。

二是品类难题。一个茶产区通常出产多个茶类,用户也有多元化的喝茶需求;多数茶企有做大做强的梦想,做集群品牌甚至全域品牌的愿望强烈,向多品类扩容,但品牌核心概念无法支撑,通常进退两难。

三是"全链陷阱"。茶企也知道场景化时代到来了,于是开始实验场景营销,为满足场景化需求模式,品牌开始做加法——品类、产品、价格一起加;场景对茶的功能、承载的精神、附加的情绪、体现的仪式感要求各异,做加法易,但加在一起产生化学反应融合成一个整体却很难,这让茶企十分头痛。

二、摸着石头过河已成为茶企的一种习惯

茶企已经习惯摸着石头过河,但多数茶企对"向前看"有一种本能的排斥,这里面有主观原因——不会"向前看",也有客观条件制约——不必"向前看"。

第一,茶产业的本质是农业,农业就要靠天、靠资源吃饭。茶产业与很多产业一样,在相当长的一段时间内产能不足,产品稀缺,过剩也是近几年的事。现在,有些品类依然具有稀缺性,此时市场竞争的焦点在于控制资源,"向前看"属于浪费资源做无用功。

第二,茶企多,竞争无序但不激烈。所以,多数茶企偏安一隅,只需一两招就可以打开市场局面。"向前看"需要做规划、讲系统,一是会丧失速度优势,二是会增加成本,得不偿失。

第三,茶企整体实力弱、规模不大,多数茶企未曾受过系统的商业培训,不太讲规则,对套路天生反感,喜欢打乱拳,注重短期效应;"摸石头"这类经营方式投入小、见效快、好把控,茶企十分推崇;"向前看"这类经营方式费力、费钱、耗时、专业性强,关键是效果还滞后,茶企很

不感冒，理所当然不在计划之中。

第四，茶企也想"向前看"，但"向前看"是个技术活。多数茶企身处三四线城市，一无区位优势，二无规模效应，三无良好的工作环境，对优秀人才的吸引力不强，茶企专业能力有缺陷，"向前看"有这个心无这个力，看不清，也看不明，只好不看。

三、大时代，系统竞争到来

曾经，中国市场做茶，不用向前看也可以活下去，甚至活得相当不错，而当下，中国茶从小时代进入大时代，产业环境和市场竞争状态发生了根本变化。

市场经济40多年来，与诸多行业一样，茶产业也从封闭走向开放，资源和能力在不同企业之间流动变得越来越频繁、越来越快，依靠资源、信息和能力在企业间的不可流动性建立竞争优势的日子已一去不复返，这也宣告了竞争力重塑的时代到来了。

中国市场已来到拐点，有一个关键词叫"产能过剩"，茶产业也不例外。当下，中国茶园种植面积高达4000多万亩，占全球总茶园面积的60%，占全球干茶总产量的40%以上，加之中国茶的市场结构又以内销为主、外销为辅，数据清楚显示中国茶已过剩，走进内卷时代。中国茶叶流通协会统计的数据显示，2021年，全国茶叶产量为318万吨，中国茶的销售突破230万吨，茶产业过剩已是不争的事实，过剩市场竞争的基本原则就是系统化。

大时代，茶的吸引力倍增，跨界涌入者不少；跨界竞争者带着雄厚的资本、先进的技术、创新的模式和优秀的团队强势进入，以系统化的战略思想为指导，打出一套漂亮的组合拳，很快在市场中脱颖而出，茶业系统化经营思想开始受到追捧。

乡村振兴战略赋予了茶新的使命，茶是农业产业化、现代化、品牌化的排头兵，茶叶品牌时代到来，品牌建设不是一招鲜，也不会一劳永逸，而是一项持之以恒的系统工程。系统竞争对中国茶来说不可避免。

摸着石头过河，本来就是近则明、远则暗的事，在浅水区还将就可以用一用，当下中国茶已来到深水区，哪里还有石头可以摸？若不更换方式，掉进河里淹死的概率相当大。

新环境下的茶叶竞争需要苦干，也需要猛干，但是必须以系统战略思想驱动——洞察未来，整体布局，协调行动，步步叠加，才能到达彼岸。

四、愿景牵引，树立起品牌架构

战略驱动下的系统竞争思维，本质是向前看，确定品牌愿景，愿景确定品牌目标、界定边界，用未来指导现在，通过今天的努力获得明天的市场地位。

品牌愿景就是品牌为自己确定的终极目标，即未来品牌会走到哪一步，会成为一个什么样的品牌。品牌愿景一般诞生于企业发展早期，从创始人（创始团队）梦想中孵化而来，并升华为一种企业的信仰。

品牌愿景能够确定品牌的使命和奋斗方向，建立起品牌的基本原则和规范，明确品牌的理念和精神，树立起品牌的核心价值观，清晰界定品牌的业务组合和边界，规范品牌的行动方向和行动步骤，引导品牌朝正确的方向前行，让品牌面对诱惑时不偏移，面对压力时扛得住，最终达成目标。

品牌愿景是品牌的"宪法"。茶叶品牌树立品牌愿景，明确发展方向与使命，结合本书第三章"茶叶品牌建设的通用模型"中提出的模型，就可以开启创立强势品牌之路。

1. 单一品牌架构

单一品牌架构，即一个茶企的所有业务和产品都覆盖在一个品牌之下。单一品牌模式下，又分为单一物种品牌、单一集群品牌、单一全域品牌三种模式。

单一物种品牌的愿景往往小而美。品牌的基本法则是聚焦于某一产区、某一具体茶类，以三角支撑为基本原理。除极个别茶类可以走向全国外，单一物种品牌多数只能偏安一隅，产品延伸与扩容空间不大，耐得住寂寞经得起诱惑是最大的考验。

单一集群品牌的愿景是做区域市场的强者。品牌的基本法则是覆盖一个产区的主要品类，企业必须扎根优势产区，做强某一个品类，从三角模型中发现地域共享文化概念树立品牌价值，通过品牌价值链接其他茶类。

单一全域品牌的愿景是做全国市场的引领者。品牌的基本法则是覆盖全茶类。中国茶全域品牌不多，小罐茶开了先河。全域品牌必须远离茶产区，将总部设在可以辐射全国的高位城市；企业与品牌都要有一个中性的名字，弱化品类联想；寻找有包容性的共识价值概念，串联整合全品类，这是一个巨大的挑战。

2. 多品牌架构

多品牌架构即一个茶企多个品牌协同作战的模型，其愿景一般是建成产业生态圈，成为行业的领袖。

多品牌架构，不仅要覆盖不同品类，还会跨越茶产区，甚至突破品类边界，延伸至茶周边，运作难度大、要求高。企业必须有强劲的实力、顶尖的团队和一流的经营技巧，让品牌发挥协同效应而不互搏。多品牌整合就是簇群品牌模型。

（1）品牌组合结构

多品牌架构以协同为核心思想，整合不同品类和品牌，建立满足用户茶生活的生态闭环，构成簇群品牌。

簇群品类结构："全茶类+茶周边"，泛产业链全覆盖，满足用户"一站式"茶生活需求，建成产品生态圈，锁定用户。

市场结构："全国品牌+区域品牌+定制品牌"，体现整体性、协同性，又突出区域市场的独特性，全国市场攻防有序。

生态平台结构：产品品牌、渠道品牌、内容IP、茶空间，建立企业自循环的生态闭环。

（2）品牌组合原则

多品牌组合讲结构，更讲原则，必须充分利用品牌资产，产生协同效应，最终达成品牌价值最大化。其组合原则有主副品牌制和背书品牌制。

主副品牌制，即以某个品牌为主品牌，围绕品牌的概念和价值进行品牌多元化布局，最后形成品牌簇群生态。主副品牌有一明一暗两种方法：明，即用主品牌显性的元素创建新品牌，比如，大益就围绕着"益"这一核心元素展开，以益工坊、益元素、大益膳房等诸多品牌构成生态。暗，即表面上看新品牌与主品牌不相关，实质上思想、价值与主品牌统一；比如，碧潭飘雪、万紫千红看似与竹叶青无关，但这两个品牌的价值概念与竹叶青系出一脉，自然就串联成了品牌簇群。

背书品牌制，即企业品牌与产品品牌分离，企业品牌强调使命愿景和核心价值观，产品品牌强调精准定位和与众不同的价值，通过企业品牌为产品品牌背书，用企业文化的包容性整合品牌成簇群。当下典型代表如中茶，未来资本加持中国茶产业，背书品牌制将成为一种主要的模式。

五、品牌架构要大胆假设，小心求证

品牌架构是愿景引领下的战略路径选择，架构确立之后，品牌就进入解码阶段，开启化战略为战术之旅。品牌行至此处有两个选择：一是推倒重来，其成本代价高，很容易引发企业混乱甚至是灾难；二是局部调整优化，一步一步坚持，直到到达彼岸。

品牌架构确立之前要谨慎，确立之后必须坚持，必须大胆创立，小心求证，并注意以下几点：

第一，品牌架构没有优劣之分，只有合适与不适合之说，而只有适合的才是最好的。

第二，品牌架构起源于创始人（创始团队）宏大的梦想，必须评估其能力能否支撑其野心。

第三，品牌架构基于终极目标规划品牌，必须具有前瞻性，而不局限于当下环境和业务结构。

第四，品牌架构讲究大处着眼小处着手，规划要大而全，行动要小而快，注重过程、细节和方法，每个动作必须严格精准卡位，才能形成协同效应。

第二节　命名字，确定品牌调性

名字即战略。

名字果真有这种神奇的力量？这一切得从文字的奥秘说起。

文字的第一大功能是表意。每个文字都有独特的内涵，一些字内涵丰富，一些字内涵相对单薄，因此名字就决定了品牌的时空总容量，限定了产品的边界、决定了品牌的架构。

文字的第二大功能是承情。每个文字都可以表达情绪和感情，而且分褒义、贬义、中性等语体色彩，由此引发正向、负向和再定义三种情感承载模式，名字因此树立了品牌精神和价值。

文字的第三大功能是主动联想。中国文字繁简有别，出现概率高低差别很大，但往往都能主动与人们的生活发生联想。可以说，任何一个词都会主动激活用户大脑中的概念，在人们心智中主动归类。

文字的第四大功能是自传播。文字具有音韵的魅力，一些文字朗朗上口、韵律优美，一些文字读来拗口、音韵生涩。音韵美则传播能力强，音韵生涩则传播能力弱；韵律不同，创作方法、传播路径不同，传播效果也不一样。名字决定品牌的传播方式和流量结构。

名字对于品牌具有定调、定性的能力，因此先有名字，后有品牌。营销人的基本任务，就是用精准优美的词语为品牌命名，用好名字快速进入用户大脑，让品牌在市场竞争中脱颖而出。

一、茶叶品牌命名的四大误区

命名是营销中最普遍、最基础的工作，其影响不像做广告那样声势浩大，更没有做促销那样立竿见影，也没做茶会那么有体验感和仪式感。茶圈子里，相当多的营销人不重视品牌命名，加之缺乏专业指导，给品牌命名时很随意甚至很任性，归纳起来有四大误区。

1. 误区之一：品牌胡乱扩容

通常，茶界十分注重品牌资产的充分利用，最擅长的营销技术就是品牌扩容，即从一个茶类起步做加法，直至覆盖全茶类，是一个相当普遍的动作。

品牌扩容的好处颇多：第一，可以充分运用品牌的影响力；第二，可以节约营销成本；第三，消费者容易接受；第四，可以充分利用渠道，增加边际收益。结果，茶叶品牌几乎成为一个筐，什么茶类都可以往里面装。

品牌通用模型中的集群品牌和全域品牌都是用一个品牌覆盖多个茶类，其路径是从一个茶类出发到覆盖多茶类，但这有前提条件——品牌有链接多茶类甚至全茶类的能力。剖析小罐茶就可以发现规律：第一，必须有一个中性有包容力的名字；第二，必须有一个底层逻辑整合多茶类，比如，小罐茶用大师去整合全茶类；第三，必须占据高位城市，自带辐射能力，拉动全域。一些茶品牌明明有鲜明的品类标签或地域特征，却要强行覆盖其他茶类，让人十分不解。

2. 误区之二："傍大款，走捷径"

中国茶企整体实力不强，营销上愿意讨巧，模仿战术很流行，比如，小罐茶火了，山寨"小罐茶"就如雨后春笋般冒出来一大堆，模仿者无非想实现"一箭三雕"的效果：

借船出海，借风行船，借用大款的影响力吸引消费者的眼球；

借势立名，以相似造成系出名门的印象，品牌一出生就自带势能，在竞争中脱颖而出；

借以攫取，利用消费者的粗心攫取利益，使其在麻痹大意之下错把"李鬼"当"李逵"。

"傍大款"流行，一是因为营销人心态急躁，二是因为技能缺乏。从消费者视角来看，其实百害而无一利。消费者喜欢简单，在人们的认知中，品类钩子上都挂有特定的品牌，往这个钩子上靠的品牌太多，就会无法识别，人们便会采用简单法则——选择最先进入自己心智的那个品牌。"傍大款"的结果是，多数情况下成为反面教材，很难成就一个真正的品牌。

3. 误区之三：生造词

中国茶界知道名字即战略的营销人不少，但不少人在追"名"逐"利"时有点矫枉过正，往往为了获得一个响亮的名字而求新、求异、求怪，追求语不惊人死不休的效果，因此出现很多"生造词"，甚至还有生造品类，硬生生要给中国茶品类扩容。

生造词不是不可以，但需要以用户为基础，即这个词有认知基础，如果生造的词不在用户大脑中，就必须承担创造语义的责任，这是改变用户认知的一个大工程，费时、费力、费钱，不容易做到。

4. 误区之四：复古风

中国茶历史悠久，文化厚重，茶界营销人都知道"民族的就是世界的"这个道理，命名中复古派闪亮登场，用诗词歌赋体现产业文化的优越感，用繁体字、生僻字表达文化内涵，生冷硬名字举不胜举，有的品牌说明书更是写出了诗歌的感觉！

茶是华夏文明的符号，现在的关键是这个文化表达必须国际化、现代化，才能与文化全球融合的时代背景同频，赢得新一代消费者的心。试想一下，还有多少消费者认得繁体字？面对生僻字，在快速奔跑的年代，哪个消费者会有时间与心情去搞明白？结果自然是被忽略。

二、茶叶品牌命名的六大原则

名字是战略，是财富；知之不易，行之更难。茶品牌名不承担毫无意义的奢侈，不能发出不祥的声音；茶品牌名必须有很强的审美意义、丰富的文化内涵、正面的品类联想，才能在市场中脱颖而出。茶叶品牌命名必须坚持六大原则。

1. 简单原则

名字必须简单，因为人的大脑拒绝复杂，人们对复杂的东西越来越不感冒。取名的第一原则，就是用最简洁的文字准确表达出品牌的内涵和个性。

如"大益"这样的名字，不仅简单，还与茶养生价值关联，立位高、卡位准，赢在了起点。一些复杂的名字让人看不懂，更难让人记住。这不仅是在浪费资源，更是一种营销犯罪。

2. 动听原则

名字要好看好记，还必须好听。名字被说出来的机会要远多于被看到的机会，一个好听的名字更易于传播。好听的名字发音不能困难，要悦耳动听，更要与品牌内涵相融相生。

如"碧潭飘雪"这样的名字，听起来不仅悦耳动听，更让人联想到一汪绿色深潭，茶如雪花般飘落的意境，给人以空谷幽兰之感，让品牌充满诗情画意，大大提升了品牌价值。

3. 好记原则

一个好名字必须便于记忆。一个寓意再美好的名字，如果不便于记忆，就谈不上是好名字。如果企业给自己的产品取了一个像绕口令一样既难写又难念的名字，其结果可想而知。

4. 联想原则

好名字必须能带来与品牌卖点相一致的联想。想一想，"万紫千红"为什么能在红茶中脱颖而出？正是因为它能让人产生与品类一致的联想，同时也能产生人生如意的美好联想。"水云长"也因诗一般的联想成为爆品。

5. 包容原则

取名必须注意一些词的包容性。若所选词包容性强，品牌时空容量就大，可以容纳更多的品类；若所选词包容性弱，容纳的板块就有限。故取名必须与品牌架构相匹配。

物种品牌需要精准，包容性要求较高，对于集群品牌和全域品牌来说，包容性是基本原则。小罐茶之所以能成为一个全域品牌，就是因为其包容性很强，没有明确的茶类指向。

6. 品类属性原则

名字不仅具有审美意义，还具有品类属性，有些名字的属性联想很强，有些名字的属性联想很弱，具体要根据品类属性做出选择。比如，做物种品牌，名字就要有很强的品类属性，而做集群品牌或者全域品牌，名字的品类属性就弱，甚至无品类属性。

比如，竹叶青，显然绿茶属性很强，若用于红茶上就不是好出路，用在花茶上也牵强。因此，竹叶青在品牌扩容上采用了多品牌策略，其红茶采用"万紫千红"，花茶采用"碧潭飘雪"。

三、品牌命名的七大方法

命名是营销的起点，既是一个技术活，又是一件十分困难的事情。汉语中常用的词汇只有3000多个，茶相关企业有一百多万家。从资源角度来说，想取个好名字非常难，几乎到了"山穷水尽"的地步。两个字的品牌名几近枯竭，三个字的品牌也已十分稀少，四个字的品牌名则显得有点复杂，五个字的品牌名消费者基本上记不住。

命名难，营销人都知道，但难并不代表可以不作为，营销人就是为解决难题而生的。有七大方法可以化解命名之难，创造具有自流量和势能的品牌名。

1. 抢

所谓"抢"，就是利用别人的疏漏，大胆地把知名的人、事、物占为己有，作为自己的品牌。"抢"并不是土匪哲学，而是一种技术活，要先学会观察，正所谓处处留心皆学问；"抢"还要胆大，历史典故、名人、流行歌曲、电影、电视剧、老字号、著名地名等，只要符合命名六大原则，一切皆可"抢"；"抢"出手要快准狠，否则人家就会捷足先登，你只能看别人吃大餐，自己流口水。

"抢"在中国市场流行很多年，教科书般的案例很多，如有人成功抢注"凤凰"商标，倘若这个名字用作"凤凰单枞"，简直是王炸，只是不知道为什么抢到手而没有用，十分可惜。"抢"之法已盛行多年，能"抢"的也差不多瓜分完了，如今能抢到一个好名字，比中百万大奖的概率还要低。

2. 绕

"抢"法虽好，总有点不光明正大的味道；"抢"还会遇到法律"高压线",有些东西碰不得,硬抢容易伤着。面对可用且好用的资源,没办法也没机会强抢,那就智取。智取的方法就是"绕过去"。中国文字博大精深,义同字不同,字同义不同,这就为"绕过去"创造了可能,利用谐音、双关说事,就有可能实现"山重水复疑无路,柳暗花明又一村"的意境。

"绕"是一种技巧,更是一种经营方法,"绕"得好,就能"一招顶万招"。通常一不小心就能成就一个焦点事件,你就可以借船出海,借风行船。比如,"茶里"就是运用"绕"法傍上茶礼这个联想,由此获得了流量和势能。"凤与凰"绕得更巧,直接搭上凤凰单枞的顺风车,高起点出发。

3. 借

"借"的本质是"狐假虎威",即想尽一切办法,尽可能与名人、名牌捆绑,借成功者已经搭建的产品阶梯,顺势进入消费者心智,顺利登顶。"借"不是简单的"拿来主义",而是一种智慧的考量:其一,"借"的对象与品牌主目标要一致;其二,要有相当的语言艺术、码字技巧,对其进行改良,才能把别人的名气转移到自己的品牌上,最终把盗版行为"漂白"成原创。

"借"的智慧在中国茶界还是很流行的,而且有闪光之处,如竹叶青成功推出"碧潭飘雪"品牌,就有"香叙飘雪""滴翠飘雪""林湖飘雪"等借风行船,效果还不错。

4. 雷

这里的"雷"不是雷人之意,而是讲命名可以追求喜剧效果。由于互联网一代喜欢用搞怪来追求个性,用出位彰显自我,所以"雷"名有广泛的市场,且很受欢迎。

"雷"的基本原则是颠覆、反传统,即用戏谑幽默的方式追求喜剧效果。雷人名字一般在数字化营销中更有用武之地,但传统茶也能接受,如茶叶品类中的狗牯脑茶、虫屎茶都是雷名。

5. 土

"土"的运用是返璞归真的策略。中国茶知识富集，文化蕴含丰富，本身包含民俗民风，因此接地气的生活俚语很有亲和力和新鲜感，让人乐于接受。

"土"，即利用民俗民风、俚语、俗语给产品命名，从而产生一种亲切感，拉近与顾客的心理距离。其打的是一张亲情牌，追求的是大俗大雅的效果。比如，"山田土"就是俗中带雅，名字中透出真实、亲切，大受追捧。

6. 隐喻

隐喻是一种文学手法，即用一种事物暗喻另一种事物。隐喻和商业结合源于中国人不言明的性格，一些东西明明需要就是不能说、不会说、不敢说，可以借助在另一类事物的暗示之下感知、体验、想象、理解。

隐喻引起联想和想象，给人以鲜明深刻的印象，有很强的感染力，强力驱使用户采取行动。比如，红贵人茶，因暗示贵人相助、事业红火，深受商务人士喜欢。

7. 夸张

夸张也源于文学，其目的是用夸大或缩小的词句形容事物，启发读者的想象力。夸张在商业中也有广泛运用。

夸张，与虚假宣传无关，其利用生动有力的词语打开顾客的想象空间，对顾客产生巨大的心理暗示，购买也就不再是难题。比如，"岩霸"这个名字，给人极强的心理暗示，让人产生丰富的联想。

第三节 立人设，完善定位系统

树立人设，收割人心红利！

任何品牌都以收获人心为最高目标。用户心，海底针，难以捉摸，更难以捕捉，人设凭什么收割人心红利？

要回答这个问题，就必须先弄清楚人设到底是什么。

一、人设，神奇的商业力量

人设的字面意思是人物设定，源于日本动漫，是二次元作品中对虚拟角色性格、外貌等特征塑造的简称。

人设从二次元世界出发，走进商业世界，驱动力源自用户的崛起。

21世纪，个体崛起，人们借助商品搭建自己的小世界。商业必须从个体出发，将商品链接到用户的生活场景，表达用户的生活态度，承载用户的梦想，成为用户的自我映射。商品不仅仅是功能的集合，更承载着一个有血有肉、有温度、有思想的人物形象，这与二次元有异曲同工之妙，人设这个二次元概念成功入侵商界。

中国市场太大，一体多元，本来就是新理论诞生的温床，也是商业创新的乐土，人设因此在商业中得到积极实践。比如，三只松鼠（萌物）、江小白（萌人）等诸多会"卖人设"的品牌在商战中大获成功，让人们看到人设的巨大价值。

亲近感：品牌拟人化，让产品成为用户的映射，消费者自然亲近。

信任感：产品人格化，产品代表用户的生活方式，与用户同频共振，用户自然信任。

个性化：品牌人设从个体出发，是从个人中抽出来的价值符号，个性鲜明。

温度感：人设让产品少了些商业味儿，多了些人情味儿，让冰冷的商品有温度，更容易打动人。

传播性：人设让品牌增加了社交属性，让其有自动链接与传播的能力，让品牌自带流量和势能。

网络时代，信息超载，用户对任何事物的热情都不会持续太久，对于商业信息，更是主动拒绝。但人设五性合一，让产品有温度，能走心，不仅让人记忆深刻，还会主动拥抱，因此人设成为建设品牌的基本方法。

二、人设，中国茶缺席的一课

搭建人设虽说是近几年的事，但营销人早已在行动，大家挥汗如雨创造出一大堆人设:"文艺青年""大侠""小贱""杜杜姐""酷爽御姐"……五花八门,应有尽有,而这些几乎都成了市场大赢家。

人设借助产品传达一种生活哲学,体现人生观和价值观,将现实中的人带入虚拟的精神世界。这本来就是茶叶的基本功能,也是人们喝茶成瘾的原因。茶从来就不是一片简单的树叶,它有很强的社交属性,是人们彰显自我的标签、获得身份认同的工具,是一种社会化语言。茶的人设与生俱来,理应成为人设赢家。而现实中,为何人设热闹的一般是其他行业,茶几乎与人设绝缘,茶品牌也几乎不打人设这张牌?

事出反常,必定有因!

人设搭建是从用户出发的商业逻辑,茶底子是农业,吃的是资源这碗饭,关键是这碗饭吃得很久而且比较好吃,形成了强大的路径依赖,从业者的眼光一直投向产区,注重对自然资源的控制,眼中很少关注用户,自然不知道人设为何物。

人设是共识经济的产物,是信息化时代的竞争思想,茶到现在还没完全实现工业化,经营思想不保守但也不先进;同时,多数茶企没有区位优势,信息获取渠道相对单一,对现代经营理念接受不慢但也不快,人设是最前沿的经营思想,自然有一个漫长的认知过程。

搭建人设是个技术活,要有优秀的团队来干,但是由于茶企多在三四线城市,区位缺乏吸引力,企业规模不大,没有好的工作环境,也无法给出诱人的薪水,故无法吸引优秀的人才加盟。一些茶企即使有这个意识,也无搭建人设的能力。

人设对于品牌建设来说是隐性的,其带来的价值收益滞后。茶企整体实力不强,追求短期效益的愿望比较强烈,对于长期建设一直不太上心,对于滞后收益不感冒。因此,很多企业没有将搭建人设提上议事日程。

人设搭建缺席,有主观上认识不足的原因,也有客观上能力缺失的原因,茶企不上心,甚至主动回避。

三、过剩竞争,人设时代到来

人设对于品牌来说很重要,曾经对茶来说并不紧急。茶在中国是后发展产业，在相当长时间内有稀缺性，上游资源控制能力就是其核心竞争力，此时搭建人设，只会增加成本、降低效率，不会带来竞争优势。

近十年，中国茶产业突飞猛进，茶叶种植面积占全球的60%，干茶产量占全球的40%，产业处于紧平衡状态，产业整体过剩，而过剩市场竞争的焦点是品牌。茶是乡村振兴的排头兵，必须承担起"农村美、农业强、农民富"的责任，实现这个目标的路径是茶产业必须从规模竞争向价值竞争转型，从农业产品向农业品牌转型。

品牌是消费者的，必须由消费者说了算，信息时代的消费者个性鲜明，品牌个性必须与人的性格相匹配；信息时代消费者思想丰富，品牌内涵就必须承载这些思想；信息时代消费者信奉面子哲学，品牌形象就必须是这种哲学的映射。信息时代，任何一个品牌，功能强大是基础，承载丰富的精神和情感是内核，彰显自我是关键，表达价值主张、传递生活哲学是根本，品牌人格化已无退路、别无选择，人设时代悄然来临。

茶是一种成瘾商品，用户一喝再喝，停不下来，汤色与滋味的魅力是基础；茶有很强的社交属性，文化内涵丰富，是彰显自我的标签，是获得身份认同的工具，以茶为媒吸引五湖四海的朋友聚合成一个有共同信仰的生活部落，这才是喝茶上瘾的根本原因。茶叶品牌新的使命是承载用户的精神情感，宣示其生活哲学，茶叶品牌有树立人设的基因与基础！

四、五步立人设，完善品牌定位系统

人设就是让品牌人格化，用真实的产品承载一个有趣的形象，立人设不仅要打造一个虚拟的"精神代言人"，还要深入用户的生活部落，用眼睛看，用耳朵听，用心感受，从其本真生活中发现共同的语言风格、行动方式、价值主张，用一个标签抽象化地表达形象，一个有血有肉、有温感、有思想的人设也就搭建出来了。这个过程需要五步，这五步不仅是创造人设的过程，还是一个完善品牌定位系统的过程，五步人设让产品走心，其实就是在构建品牌的竞争策略，让品牌立于不败之地。

1. 第一步：人物锚定

人物锚定是搭建人设的关键性问题，也是一个方向性问题——用户是谁，谁会喝茶？只有厘清这个问题，找到真正的用户，把用户内心对茶的需求和愿望表达出来，才能有一个与用户同频共振的形象；否则，人设就是事不关己，无论如何努力，用户也不会喜欢。

人设是引实入虚的智慧，这个虚的出发点是个体，从个体中发现价值去连接更多的用户，进而升华为圈子的形象；因此茶叶品牌人设打造，是小圈子拥有共性的精准形象，而不是让大社会人人都能接受的形象。这是取舍的智慧，也是战略目标的选择，更是茶叶品牌战略定位的基本法则。

2. 第二步：素描画像

素描画像是描画出用户鲜活的形象，这个形象源于本真的生活，从个体本真生活出发，结合其生活部落的亚文化，经过艺术加工，用图文、视频等方式呈现一个鲜明、有趣、代表用户的虚拟形象。素描画像其实就是为品牌形象立下规矩与原则，确定品牌调性和设计风格。

茶叶品牌要画好像，就必须带上用户的眼睛，换上用户的头脑，装上用户的心脏，深入他们的本真生活，用最真实的状态记录，展示他们的人生——他们是谁，他们为什么喝茶，他们在哪儿喝茶，他们希望茶附着什么情感，代表什么样的生活状态，一个鲜活的形象才会跃然纸上。

3. 第三步：精神定性

画像主要展现颜值，定性表达的是精神，也是品牌人格的具象化。人借助商品表达什么样的身份、个性，传达什么样的价值主张，表现什么样的生活态度和哲学，其实就确立了品牌的使命和核心价值观，也就是品牌定位中的价值体系构建。

茶叶品牌人格化，价值观是灵魂，情感是磁场，个性是魅力之源。信息社会，速度第一，即使人格化这样优雅的事，也需要快速寻找到认同感。最简单的方式就是标签化。标签化是小身材有大心脏，是一个立场、信念、语言、情感"四合一"的工程，是用简洁通俗的语言把用户的灵魂梦想表达出来。

4. 第四步：语言定调

形象让人记忆，精神让人感动，语言让人理解。只有理解才能认同，只有认同才能走入内心，只有走入内心才会永远同行。茶没有高下之分，品牌却有层次之别，每个层次的品牌都有其独特的语言系统；高端茶的语言系统古朴优雅，中端茶的语言系统时尚有国际范儿，低端茶的语言系统贴近生活；这就规范了品牌的语言风格调性，这就是品牌定位中的文化定调。

语言系统的本质不是说话的技术，而是倾听的艺术，发现用户本真生活状态下的语言调子、特色、方式，在这个基础上挖掘整理，加工升级，形成独有的语境和语系，让圈子有自己的专属语言，才能同频共振，品牌才能真正走心，用户才会永远追随。

5. 第五步：叙事定式

人们普遍以叙事的方式进行思考，人设其实是品牌群体的虚拟化表达，自然需要通过故事进行建构、阐释与分享。一般来说，高端茶是诗歌体讲究优雅，中端茶是散文体追求情感，生活茶是叙事体表达亲切，这就是讲故事的基本原则，也是品牌定位中的传播定向。

叙事必须来源于真实生活，同时要高于生活，必须进行一定的艺术加工。艺术加工有一个基本逻辑：以过去的事情证明现在，用现在的事情证明未来。

叙事以"卷入感"为第一原则，必须贴近生活，相对于宏大叙事，细微处见真情。中国茶讲故事，学会用细节的真实替代局部的真实，以局部的真实替代整体的真实，这样的叙事才鲜活生动、亲切有感染力，才能与用户形成情感共振。

第四节 找买点，创造价值体系

卖点声音大，买点赢天下！

卖点思维的版权属于美国人民，在美国被称作 USP 理论，营销人将其称作"独特的销售主张"。在工业时代，这是打造品牌的黄金法则。

买点逻辑是具有中国市场特色的原创。信息时代，中国茶企可借此采用从用户出发的营销新思维，打造强势茶叶品牌！

一、市场进化，买点时代到来

从卖点转向买点，不是玩文字游戏，而是营销的革命。时代前进了，环境变化了，顾客需求变了，营销也必须跟着变。

1. 市场进化，卖点退位

卖点，顾名思义，就是生产者输出的一种观点。曾经，企业是一个封闭的系统，用户站在系统外部，企业与用户看产品的眼光与角度不一样，观点、主张自然也不一样。精英媒体时代，企业可以运用技术手段，将品牌概念强行输入用户心智中；网络造就众媒时代，双向沟通寻找共识是基础，单向输出怎么可能俘获人心？

卖点描述的是产品别出心裁或与众不同的特点，是功能主义，这在稀缺时代的确是一把利器。但中国市场早就进入丰盈时代，现如今用户更关心产品是否承载自己的梦想，冰冷的物化功能再强也无法敲开用户火热的心门。

卖点是工业化时代的产物，其核心是推销，就是拼命地向用户说产品好。信息时代是共识经济，任何品牌都在寻找与用户达成共识的方法和路径。现在底层逻辑不一样了，理论依托的环境不存在了，卖点思维这类经典理论失效、解体、退位成为必然。

2. 用户觉醒，买点归来

21世纪，用户自我觉醒，开启内生消费，用户有自己的判断与认知，听从自己内心深处的声音，购买只为悦己。营销能做的就是让产品去承载用户的梦想，让其成为用户自我映射，唤醒用户沉睡的意识，购买也就自然触发了。

产品承载用户内心真实的渴望和梦想，并将这种渴望和梦想上升成一种概念或文化表达出来，让产品成为用户的自我表达，这个概念或价值点就叫"买点"。

"买点"从用户生活出发，是发现而不是单向输出情感与仪式感，是用户的真情实意的精准表达；用户对"买点"自然亲近，对品牌自然接受。从此"买点"登场，成为品牌的新引擎。

二、思维革命，拥抱买点

"买点"二字看似简单，但作为一种全新的营销思想，拥抱它其实并不容易。中国茶农业属性重且相对封闭，信息流通更新并不快，经营思想也不先进，对新的经营理念接受也不快，要拥抱"买点"，必须进行一场较为深刻的思想革命。

1. 打开边界

中国茶企一直是一个相对封闭的系统，践行的也是单向输出，讲究一切尽在掌握。用户主权时代，讲究对等的沟通与交流。中国茶企必须告别控制主义，告别单向输出；打开组织边界，把用户引进来，由外人变成一家人，大家共创共享，这样就换上了具有"买点"思维的大脑。

2. 从用户出发

"买点"是"用户主义"，一切必须从用户出发。从用户出发，就需要运用内容和数字化作为链接，进入用户本真的生活，研究真实的生活场景下用户为什么喝茶，喝什么茶，喝茶时是什么情绪，想借茶表达什么，将这些价值提炼出来并融入产品，一不留心就能创造一个走心的神器，这就是寻找"买点"的金钥匙。

3. 逆向思考

茶有一条很长的产业链，过去茶产业的思考链条从茶园延伸到茶杯，整个产业属于产品驱动，向用户强力输出自定义的好产品。用户主权时代，一切由用户作主，必须从用户的视角来看茶和定义茶。从茶杯到茶园逆向思考，先弄明白用户爱喝什么茶，再整合技术、品种、资源把这杯茶制出来，就完成了从产品主义向用户主义的转型，这才是信息时代一杯茶正确的打开方式。

4. 场景思维

信息时代，社会拉开了场景化的大幕，任何品牌都必须基于场景价值进行价值重塑。喝茶场景化，就是将茶链接到特定的时间和空间，一杯茶要满足特定环境的功能需求，表达特定时间的情绪，传达出一个价值仪式。一杯茶将物性、精神、价值融为一体，这才是场景思维下用户对好茶的新定义。

三、找买点，创建差异化的价值

买点思维是以用户为中心，以场景为舞台唱响品牌这出戏。场景不仅是碎片化的，还具有瞬时性；场景承载的情绪与情感因时因地而异，场景化喝茶动态变化，情感忽浓忽淡，仪式感有强有弱，功能时重要时虚化，价格时脱敏时敏感。用户动态买点的把握，相当考验营销人的智慧！

茶本身是一个集合概念，产区、品类、品种、技艺、历史五位一体，五个变量组合变化多端，用变化的组合去支撑用户动态的买点，这条路注定很艰难！

茶的横向组合变化多端，纵向组合的产品链层次相当清晰，产品链以价格为标准进行分层，每个层次都有相对独立的购买理由和差异化的价值点做支撑。茶叶品牌产品虽然多，但产品线可以很长，大体分为中、高、低三个层级，任何层级用户喜欢的理由千变万化，复杂多变的表象下遵守共同的原则，这个原则就是买点，也是品牌差异化价值的支点。

1. 低端茶：小价格、大品牌

未来，中国茶是一个两极化的世界，低端标准茶将处在一个十分重要的赛道上。

低端产品往往追求物美价廉，卖点思维是直接打价格牌；买点思维指导下，相同的需求，逻辑完全不同，牌面和玩法都变了。

中国人信奉"面子"哲学（其实，全球的消费者都差不多），人们虽然对价格敏感，明明关注价格问题，但是不表现出来，更不会单纯因为低价就购买。低价还必须支撑人们十分看重的"面子"，购买的理由是"不贵，又值得买"，其核心就是价格与品牌的统一，用营销的专业术语讲，就是"小价格、大品牌"策略。

小价格，强调价格低廉，有竞争力，相对价格和绝对价格均低，而非市场流行的打折策略。大品牌，传播不强调价廉，彰显物美——拿口感、汤色、滋味等说产品好，销售端鲜明地展示出价格优势，这个策略满足用户"够面子，消费又不高"的需求，品牌便会受到用户热捧。

2. 中端茶：体验决定成败

中端茶在两极化的世界中比较尴尬，会受到高端茶与低端茶的两头挤压，而且所受力量很大。未来，中端茶的市场份额会大大降低，但不会消失。

中端茶市场竞争通行逻辑是打品质牌，高品质、中价格是王道。中端茶打品质这张牌，一般拿茶山、茶园、茶种、茶艺等说事，体现与众不同的个性，值得一喝再喝，当然这是成就中端茶的坚实基础，并不是打开用户心门的方法。

中端茶用户是一个十分独特的消费群，他们不随便将就，也不过分讲究。他们既不会单纯从物化功能出发，片面追求性价比，也不会过度追求脱实入虚，一味强调精神享受，他们是"一半感性+一半理性"的复合体。

"一半感性+一半理性"消费模型追求"美好体验"，茶滋味、汤色、香气满足感官体验是基础；中端茶还需不强不弱的情感体验，这个情感体验必须有浓厚的生活气息；借每次与用户接触的机会，基于日常生活，通过简单的器具，帮助用户构建以茶为媒的生活，把平凡生活过出诗意，用户才会有美好的喝茶体验，才会与品牌一路同行。中端茶有较强的彰显自我和符号化表达功能，因此又称作社交茶。

3. 高端茶：文化擦亮品牌

高端茶是中国茶另外一条重要赛道，中国茶要参与全球竞争，重回世界之巅，就必须抢占高端，才能建立话语权与定义权。高端茶用物种证明其稀缺性，用工艺体现其珍贵性，用文化提升其价值感，用历史增强厚重感；高端茶喝到的是滋味，人们体验到的却是文化味，茶已脱实入虚，升华成一个文化符号！

高端茶是一个文化符号，必须用文化擦亮品牌。高端茶必须有历史之根、工艺之魂、匠心的传承，这样文化才丰满，内涵才丰富，才能提升品牌的价值感，抒发品牌的情怀，使消费者对品牌产生敬意与向往，使品牌成为一种信仰。

中国茶文化富集，打文化牌本身不是难事，把文化牌打成赢牌却有技巧。只有国际化、现代化、生活化、创新化、社交化，才能让用户真正感受到茶文化的魅力，文化才能擦亮茶叶品牌并使其屹立于高端，对全球茶产业行使定义权。

第五节　塑颜值，智赢"眼球经济"

走心，要先抢眼！

人是视觉动物，好看是第一位的。

好看创造商业价值，成就"颜值经济学"；好看还是一种社会定律，成就"颜值即正义"。

事实为证，国外某专业机构研究结论显示：女性体重每增加1千克，工资收入会下降0.4%；身高每增加1厘米，获得工作机会的概率会提高2.2%。

一、信息泛滥，读图生存

社会为什么会变成一个颜值世界？这还得从互联网说起。

人的思维是一个全脑决策过程。人脑分右脑与左脑两个部分，右脑感性，左脑理性；右脑负责处理图片，左脑负责处理文字。二者相互影响，相得益彰。

互联网普及，信息人人造，一夜之间，整个世界被笼罩了一张硕大无比的资讯网，资讯就像阳光、空气与水一样，无处不在，无孔不入。信息泛滥、知识爆炸使我们的感官膨胀。

物极必反，由于信息太多，泛滥成灾，人们被迫囫囵吞枣、蜻蜓点水，被逼学会速读与缩读，"多、快、好、省"成为接受信息的标准方式，过量的文字使人们产生审美疲劳，让人不过瘾甚至有点麻木，这就需要鲜活、大胆甚至出位的图片不断刺激，以触动麻木的神经。

文字单调枯燥，图片感官刺激更强，人们更容易理解，更容易快速做出判断，也更节省时间，更适应快节奏的生活方式。用图片、动漫、数字表达情感，让工作、生活走向卡通化，读图时代来临。

二、"颜值经济"，争夺眼球

市场是一场头脑争夺战，曾经人类为生存而战。决策是理性的，理性决策是一个漫长而复杂的过程，前期的信息收集整理十分重要，其中，文字是主体，文本的情感色彩必须经过处理才能与我们的经验判断连在一起，这个过程需要花费很多时间与精力。

21世纪，最稀缺的资源是时间，花钱买时间成为人类的共同行为。互联网让世界变得透明，"上帝不离口，背后下黑手"的商业"忽悠派"几无生存的土壤，购买的风险大大降低，多数消费行为依靠感觉、视觉，省时省力。

网络时代用户用眼睛投票，平均用时只有15秒（快阅读习惯下，人们对一个话题会在15秒内做出判断），如果15秒内不能吸引眼球，不能激发用户的好奇心，那么一切都是白搭。

感官时代要走心，要抢眼，必先用精美的形式、视觉冲击力吸引大众的目光，从而影响购买决定，这种市场模式被称作"颜值经济"。

"颜值经济"并不是什么新事物，在商业上的影响一直存在，只是曾经的影响很小，现在成为左右决策的胜负手。国外某权威机构研究结果表明：

农业时代，设计创造的价值占产品总价值的5%左右；

工业时代，设计创造的价值占产品总价值的20%左右；

信息时代，设计创造的价值占产品总价值的60%以上。

"颜值经济"时代已到来，眼球竞争早已如火如荼，任何行业，如果没有颜值就无法在市场上存活。

三、中国茶主动放弃颜值牌

说到产品，中国茶人很自信；说到颜值，中国茶人则是一脸愁容。

颜值必须通过创意设计而来，设计的灵魂是艺术，大师级的艺术家捕捉流行趋势，并挖掘消费者真正的内心需求，带动潮流，是一条颠扑不破的铁律。

中国茶企实力整体不强，组织机构不完善、功能不健全，一岗多职的现象很普遍，很少有茶企有独立的设计师团队，即使有设计师团队，也没几个能拿得出手的设计师。

多数茶企思想相对保守，多数茶企未认识到颜值的价值。茶界颜值塑造第一法是山寨，小罐茶火了，雷同的包装一夜之间席卷大街小巷。山寨虽省钱省力，但这也决定了多数茶企永远做跟班的命运。茶界颜值塑造第二法是花小钱办大事，即以低价格做外包设计。颜值塑造与商品原理一样，一分价钱一分货，低价的设计师水平一定不高，怎么可能创造出亮眼的颜值？

多数茶企一无"颜值经济"意识，二无颜值创造能力，几乎主动放弃了"颜值经济"，只有竹叶青、小罐茶、八马等少数派坚持把颜值作为品牌的基本要素，成为茶界一道亮丽的风景线。

四、四步打开"颜值经济"大门

颜值已成为品牌的基本要素，塑造品牌价值的核心手段即打颜值牌，这就必须走一条别人没走过的路，以企业战略定位为根本，以品牌为中心，以用户为源头，整合企业的设计资源，凝聚创意，走一条流程化设计之路。只需要四步，就能打开"颜值经济"的大门。

第一步，茶企战略层面调整，将设计写入品牌"宪法"。茶企需要换脑袋告别山寨战略，将设计确定为"一把手"工程。中国企业决策在高层，执行在中层，只有高层推动，才能为设计搭建广阔的平台，积累越来越多的资源和能量，让企业拥有永续不断的澎湃的设计原动力。

第二步，组建强大的品牌设计部。未组建品牌设计部的立即增设，已组建品牌设计部的加大权重，将通行组织架构中的设计属于市场部的编制打破，将设计部单列出来，直接向"一把手"汇报，提高设计师的地位，认同设计师的鲜明个性，保证设计师的独立性，就能极大地激发其设计创意。

第三步，颜值溯源。艺术来源于生活，颜值塑造同样来源于生活，甚至可能是对某个生活细节的追溯。要做出好的设计，设计师必须从消费者中来、到消费者中去，优秀的设计师从来不闭门造车，而是走近消费者，走进他们的生活，去洞察、了解、体验用户的审美，从而找到"颜值"的密码！

第四步，颜值创造。用顾客的眼睛看世界，用艺术的形式、市场语言表达，将艺术的朦胧含蓄转换为精确、量化、可视的符号，给消费者亲近直观的感受。无论是茶叶产品的包装，还是VI形象、终端形象，必须从抽象走向具象，用顾客喜闻乐见的方式表达，这是设计师的必修课。艺术与市场语言的协调与统一，是"颜值经济"的核心法则。

五、"四位一体"构成"颜值经济"

"颜值经济"时代，用颜值为品牌建设加分已成为共识。不少营销人对颜值的理解还存在偏差，通常把"颜值经济"理解为包装艺术。包装的确是"颜值经济"的重要组成部分，但不是全部；"颜值经济"是个系统工程，包含企业与用户接触的每个界面，在这个界面的每个节点都用美去吸引用户，让用户关注、停留、点赞与购买。

1. 包装艺术

包装设计的基本原则是艺术与卖货的协调统一。茶叶产品包装是商品的艺术，不是艺术的商品，茶企对这一点的认识存在误区，而且付出过很大的代价。包装设计不是艺术，而是商业，要以品牌为中心，愿景先行；精准锁定目标消费群体，精确提炼用户喜欢的元素；将这些元素进行艺术加工，增加产品美感和艺术内涵，并让用户清楚感知、接收；用设计开辟市场，让产品在市场中脱颖而出。

2. 产品角色化

颜值需要一个形象载体，这个载体就是角色形象（也就是人设）。关于如何创造一个经典的形象角色，前文已讲过，这里再将重要内容提示一下。

中国茶历史厚重，产品独特，娱乐性较弱，幽默感低，塑造形象时需要增加现代感和娱乐感，但在创作中不能过分耍贱、卖萌，而要追求雅俗共赏，才能与用户同频。

现实生活中，性别角色只区分男女；商业世界中，性别角色不仅有男女之分，还有中性。茶叶的消费主体是男性，文化是中庸，体现的特征是中性偏男性。因此，力量与温柔的结合是茶叶角色形象创立的钢律。

3. 形象标签

"颜值经济"时代，形象就是万有引力，但形象表达是一个大问题，因为信息时代最大的问题是，用户没时间、缺少耐心，对什么都不会关注太久，对什么都不会停留太久。

解决之道即形象标签化，让用户快速记忆。当然，标签化不是口号化，也不是简单图片化、符号化，而是用简洁、有创意、可识别、有内涵的形象承载信念与情感，可以把用户梦想表达出来的画面形象作为企业主形象进行穿透式的传播，形成记忆符号。

4. 空间形象

中国茶有一套自己专属的渠道，渠道是品牌形象塑造十分重要的一部分，是品牌与用户连接的核心界面，是品牌理念表达的核心节点，是品牌形象体验的关键节点。

渠道必须注重形象塑造。把品牌理念、思想植入渠道进行形象塑造，将渠道由一个卖茶空间升级为产品体验空间、情绪空间、生活空间、美学空间，实现渠道场景化，是渠道空间形象塑造的最终目标。

包装艺术、产品角色化、形象标签和空间形象"四位一体"，才能够实现茶叶"颜值经济"闭环；让品牌对用户有吸引力，用户毫无抵抗力，品牌自然在"颜值经济"中胜出。

第六节　讲故事，引爆品牌传天下

小故事音量大，一讲故事赢天下！

故事已成为打造品牌引爆市场的大杀器，成功的品牌都是故事大赢家！

一、故事，赢销的力量

故事，是人类认知世界的方式，自人类诞生起就同人类一路相伴。

故事有情节、带情感、有趣味、很生动，让人身临其境，触动人们的灵魂，对人产生磁石效应，已深入人的潜意识无法根除。

网络时代，媒体碎片化，信息人人造，资讯大爆炸，人的注意力被分散了，不够用了，对信息麻木了，也不愿意了解更多信息；与自己无关的信息，不但会拒绝，还会主动防范。

人们讨厌冰冷的文字，拒绝严肃的专业，反感生硬的道理；有趣、有料、好玩的资讯人们才会接受。故事轻灵、轻快、不沉重、丰富多彩不单调，能增加信息的娱乐色彩，抵消人们的认知惰性，激发阅读和观看兴趣，抓住人们的眼球，成为其认知世界、接受信息的主要方式。

商业上，故事的柔情能代替商业刚性，给赤裸裸的商业增加人情味，减少铜臭味，减少人们的抵触情绪，提高商品的接受度。

21世纪，用户崛起，也变得感性了，他们买的不是商品，而是感觉。将品牌从商品的挂钩上取下来，装进故事的口袋，赋予品牌以情感和娱乐色彩，使人们在愉快的氛围中，不知不觉地从思想上、情感上认可并最终接受品牌。

因此，做品牌，谁有故事谁胜出，这就是故事营销的神奇魅力。

二、把握两个原则，成为故事大赢家

中国茶知识富集，一杯中国茶，半部中国史。

中国茶产区有厚重的历史文化沉淀，茶树有丰富的神话传说，技术有多彩的人文传奇，冲泡有优雅的艺术传承，品饮有诗一样的仪式感在流传。中国茶不缺故事，有很多美丽的具有很强吸引力的故事！

中国茶一直在讲故事，讲得很多，也讲得很累，自己掏心掏肺，消费者不是充耳不闻，就是左耳朵进、右耳朵出，效果平平淡淡，甚至相当负面。

中国茶企讲故事，追求的是热闹，多是对顾客进行勾魂、夺心、洗脑、催眠，天马行空，自由发挥，讲故事变成了吹牛自嗨，谁会走心听？

讲故事不是张嘴说话或者扯开嗓子大声吼，而是追求心灵共振，要讲出用户心声和梦想，如此才能载着品牌走进用户的心智。

故事营销是有门道的，讲究方法和手段。市场上故事大赢家的故事丰富多彩，通常遵守两个原则：其一，故事必须承载价值，激活用户梦想，用内容、思想价值体系为品牌建设加分；其二，故事必须建构起回路，建立起承诺与联系体系，让用户卷入故事，让其感动。

1. 故事原则：承载品牌价值

讲故事做品牌有"一长一短"两个目标：长期目标是塑造品牌，短期目标是提升销量。故事原则是必须在传递价值的框架下进行故事创意与创作，这样才能将短期目标与长期目标协调一致，实现快赢和久赢。

故事传递价值，是将品牌战略进行解码和解构，用文学艺术的方式来表达，故事表现思想，承载价值，用有趣有料的故事将品牌的思想和价值传递给用户，与用户内心共振，这样品牌也就建成了。

承载价值的故事有三个具体要求：

其一，根据品牌的核心理念建立框架并确定原则，明确方向和边界；

其二，故事的价值是固化的，表现方式必须与时俱进，重构再创作是常态，时代感是故事被接受的关键，因此故事内容与形式同等重要；

其三，故事讲究文学创作技巧，必须以事实做基础，真实可信是前提。

2. 故事回路："承诺与联系"过程

故事是双向沟通，不是单向输出，因此必须建立故事回路。

故事回路是"承诺与联系"达成的互动过程，讲者承诺——要影响人，听者联系——要判断过程，达成互动。一个好故事有内容、讲形式，不仅要引发顾客想象，更要触动顾客灵魂，让其感动并行动。

建立回路，讲故事必须有受众意识，讲故事之前要学会倾听。必须先问自己："我在听吗（听顾客内心的声音）？"要知道用户是谁，他们用什么样的语言方式说茶，然后用人们喜闻乐见的方式讲茶故事，激起人们对茶的兴趣，引起共鸣并形成心灵共振，这样才能使他们接受茶叶品牌。

三、九个通用故事，打造共识品牌

讲故事属于文学创作范畴，人们意识之中，创作是妙手偶得的事，讲故事做品牌似乎是高人灵光一闪，是少数人的专利，普通人难有作为。

故事创作需要灵感，但有方法可循，无外乎何时、何地、何人、何事、何故五要素，悬念、冲突、波澜三个关键方法。

中国茶内容复杂，无外乎"一大中心、四大基本点"："一大中心"即物种特色，是一切的基础；"四大基本点"是传奇的史脉、匠心的技脉、丰富的人脉、多彩的艺脉。

故事创作技巧与茶丰富的内容相遇，产生了化学反应，也产生了诸多故事。用人们接受信息习惯这把"筛子"过滤，最后剩下九个通用故事。这九个通用故事，一学就会，一讲就有效，普通人也能讲好茶的故事，把茶讲成共识的文化符号，让人们喝茶上瘾。

1. 传奇故事

（1）营销原理

从猿变成人开始，历史长卷记载的就是传奇。传奇一直是历史文化的主线之一，传奇故事充满曲折性、冲突性、戏剧性，让人爱说爱听。传奇故事宣扬的是真善美，倡导的是德义理，结果体现的一定是公平、正义，满足人们的精神需求。传奇故事传的不是奇，而是人类的终极希望与梦想。

（2）传奇——茶的基因

茶的历史几乎与中国历史同步，千百年来虽历经沉浮，却从未缺席，一路向前，生命力强大。茶与中国历史一样是传奇，茶品牌如果能讲出一个传奇故事，不仅能激发顾客的想象力，还能增添茶的神秘色彩以及文化的厚重感，就会成为行业标杆而被神化，由凡人变成超人，前途光明，身价倍增。

（3）运用指南

传奇故事一般用于历史名茶产区，如品种起源、技艺传承、品类开创等；如果新的茶产区在某个细节上很出彩并且持之以恒，也可以拿这个细节来说事，把小事长期坚持做好本来就是传奇。

传奇故事一般需要时间检验，是可均沾的资源。茶产业高度分散，一个茶企无法独占，所以传奇故事一般作为公共资源来使用，比如大红袍就是借起源这个传奇故事一飞冲天的。

2. 名人故事

（1）营销原理

人们一直崇拜名人，因为大家心中需要偶像，行动需要榜样。过去名人一直独霸聚光灯，现在名人一直霸屏，是热搜引领者，主导流量。

名人一般有其过人之处，比如，在某领域有相当的成就，有知名度，还有相当高的美誉度，具有特定的人格魅力。名人会产生很强的晕轮效应，品牌与名人挂钩，能快速提升企业和品牌的形象。

（2）名人——茶的"铁粉"

中国茶几千年的历史，沉落在寻常百姓的粗茶淡饭中，装进帝王将相的珍馐玉器中，装进文人墨客的诗情画意中。茶一直有名人缘，煮茶品茗的趣闻记载着名人修身养性的逸事，承载着巩固邦交的国礼，很多诗词、歌赋、华章流传至今。可以说，名人与茶一直相得益彰，名人一直是茶的"铁粉"，名人的点赞增添了产品魅力，让茶更有吸引力。

（3）运用指南

名人故事用法相对简单，企业用名人讲故事，通常只有爬窗①、翻墙②

---

① 指名人作为消费者。
② 指恶搞名人。

和捆绑①三种方式。中国茶与名人渊源深厚，茶本不是生活必需品，是物性、思想性、价值性"三合一"的载体。名人不仅仅喝茶，还常参与推动思想文化建设，甚至开创产品；名人与茶的故事形成丰富的体系，包括深度爱好者故事、文艺创作者故事、茶产品创作者故事，立体展现茶的价值内涵，放大茶音量，让茶广流传。普洱茶声名远播，名人故事推波助澜，当记首功。

3. 爱的故事

（1）营销原理

在各种文学艺术作品的创作中，爱是人类永恒的主题，也一直是推动人类进步的主要力量。

人类爱的力量很强大，会左右对事实的看法。一个品牌中若加入爱的元素，就会使产品去掉赤裸裸的商业化，不再呆板、冰冷，而变得鲜活、温馨、浪漫，引发人们对茶的热爱。加入爱元素的茶不仅吸引人们的注意，更会得到人们的认可。

（2）爱——茶的初心

茶不是简单的农业，而是集文化产业、民生产业、服务产业和健康产业于一体的复合产业；茶企不是简单的赚钱工具，其使命是践行向善的商业模式，代表一种大爱精神，倡导行业繁荣胜于个体辉煌、社会价值大于商业财富的价值观。因此，胸怀天下，勇于担当，为人类社会谋福祉，才是中国茶的初心。

（3）运用指南

爱有狭义与广义之分。狭义的爱，指爱情，主要运用在文学作品中；广义的爱，指仁爱、博爱。茶本来就是博爱的产业，一杯茶体现的是对自然的珍爱，对用户的关爱，对文化的钟爱，对生活的热爱。用爱讲团队、品牌、企业文化、顾客关怀的故事，会让茶充满温馨、迷人之感。君山银针就因讲爱的故事让人十分着迷！

---

① 指名人代言。

4. 梦想故事

（1）营销原理

梦想是对未来的一种期望，是驱动人们前行的重要力量。生活和商业脚步到达不了的地方，眼光可以到达；眼光到达不了的地方，梦想可以到达。

做企业必须有梦想，能吸引人，能激励人。从一个好的梦想故事中，顾客能听出企业的事业规划和对社会的承诺；员工能听出企业的愿景和对未来的憧憬，好的梦想故事能激发员工战胜困难的决心和信心。

（2）梦想——茶的新使命

茶从诞生之日起就与伟大的梦想产生联系，这个梦想曾经改变了世界，改写了历史，缔造了东方传奇。这个梦想从未远离，而且越来越宏大，越来越美丽。第一，乡村振兴的梦，茶是"农业强、农村美、农民富"的排头兵；第二，全球梦，参与全球竞争，重回世界巅峰；第三，文化梦，以茶为媒，向世界展现中华文明。茶之梦，理想梦，中国梦，这是茶安身立命的根本。

（3）运用指南

"梦想是全能王"，任何企业的任何环节都可以用梦想来讲故事，梦想故事对中国茶企有特别的意义，要学会造梦说梦。

茶遇到千年变局，从小时代进入大时代，中国茶必须得有梦想，而且很有可能实现。茶企用梦想讲品牌故事、愿景故事、团队故事、产业故事，驱动中国茶到达成功的彼岸。

5. 时间故事

（1）营销原理

时间是世上最伟大的力量，有印证一切的能力，既能洗尽铅华，也能沉淀明矾。若经不起时间的洗礼，岁月就是把杀猪刀，那是要命的；若经得起岁月的洗礼，岁月就是一把雕刻刀，能雕出人间精品。

时间的本质就是"熬"，很多伟大的事业都是"熬"出来的。人内心深处对这种力量充满敬畏。有些企业追求速成，演义"加速钱进"，殊不知，这是在上演"生死时速"。只有经得起时间的检验，在光阴中沉淀，才能获得精进，抢占心智的制高点。拥有这样理念的企业，终会获得用户的认同，甚至崇拜。

（2）时间——茶的魅力

茶的历史几乎与中国历史同步，茶是华夏文明的符号，更是岁月的沉淀。中国茶的基因是农业，是温情的，是慢节奏的，做茶必须经得起诱惑，耐得住寂寞，留得住初心，守得住匠心，稳得住真心，常备慎心，坚持长期主义。时间能熬出伟大，熬出茶的魅力。

（3）运用指南

茶是传统产业，也是慢产业，是时间的集大成者。千百年茶历史写满传奇，茶产业也在这慢成长过程中坚守初心。一杯茶漫长的制作过程，体现出的是茶人精雕细琢的匠心精神——茶文化的魅力、技艺的传奇、茶品质的温感、坚守价值的情怀、对用户的关怀和企业成长的信誉。可以说，时间能够赋予茶几乎全部的能力，能处处让用户感动和惊喜。正山堂传承四百年的故事魅力无穷，助力其站上品类之巅。

6. 传承故事

（1）营销原理

传承是一个国家民族的承续，是文化中最珍贵的记忆。传承故事深深植根于本民族群众中，基础广泛，生命力极强，是文化的密码，具有吸引世界目光之力，可以擦亮品牌，更是品牌全球通用的语言。

传承故事不是考古挖祖坟，而是激活品牌文化自信，找到品牌生命之根，做最好的自己。传承就是继承和发挥东方哲学，展现我们自己的世界观、人生观、价值观，活出东方色彩。

（2）传承——茶叶之根

中国是茶的原产地，历经千百年历史长盛不衰，这片神奇的树叶是民族智慧的结晶，其古今传承是一个庞大而完整的体系。农业传承，不仅是栽培、种植、制作等技艺的匠心传承，更是天、地、人和谐的农耕文明传承；文化传承，古往今来，以茶为媒，是社会语言的载体，是华夏文明符号；美学传承，茶中有乾坤，杯底含日月，是中国人生活方式和审美情趣的表达；千年传承，这是茶的根与魂。

（3）运用指南

茶是中国原生产业，千百年延续至今，是历史的传承，是农耕文明的传承，是工匠精神的传承，是东方文化艺术的传承，是东方生活美学的传承。因此，传承是中国茶独有的魅力，人们一喝茶就是千百年，根本停不下来，中国茶企要积极主动宣传，树立茶文化的技艺、魅力、文化之源，让茶流着中华优秀传统文化的血，从中国走向世界。八马13代传承的故事威力太大，成为品牌加速器，一路领跑中国茶。

7. "傻子"故事

（1）营销原理

"傻"看似一个负面字眼，却在商业中有新含义，不是无知，更与笨无关，而是一种方法论，是一种企业精神。"傻"就是"不怕吃亏的精神"，不占便宜，不坑人；"傻"是一种实干精神，少说空话、多干实事，先付出再谈回报；"傻"是专一、专注，一头栽下去，天天为自己加油、加码，用思想与汗水朝着理想一步一个脚印地前行，通过时间与力量的累积走上成功之路。

（2）傻——茶的精神

茶是慢产业，也是良心产业，做茶必须有一种"傻"的精神，要持"傻子"般的诚实心态，诚信经营，坦诚而不掩饰，敢担责任；"傻子"式诚实，就是不走捷径，不侥幸、不投机，踏踏实实做事，老老实实做人；"傻子"一样的坚守，就是聚焦一个慢产业，坚持传统技艺，全心做好一杯茶，这是茶的匠心精神的最佳体现。

（3）运用指南

"傻"其实是一种智慧，是一种很高的境界，常用于企业理念与经营哲学，茶品牌必须用好这个字，准确体现茶人的精神与情怀，用"傻子"故事讲出企业精神、品质技艺、行为风格、理想信念，用执着感动用户。

8. *品质故事*

（1）营销原理

品牌大计，质量第一。产品是品牌的载体，质量是产品的生命。质量的好坏将决定品牌的命运。做品牌，技术很复杂，原理却很简单——只要品质好，顾客就不会跑。质量是信誉的基石，是品牌的基因。质量不好，付出再多努力，不是白跑就是跌倒。在营销的字典里，市场是海，质量是船，品牌是帆，只要品牌做得好，就能扬帆远航。好产品自己会说话，自己会走路，自然能在竞争中脱颖而出。

（2）品质——茶的基础

茶是良心产业，品质尤其重要，没有好的汤色、滋味与口感，没有养生的功效，丰富的茶文化就会没有依托，以茶为媒的生活圈子就会缺乏建立的基础。一杯好茶，首先需要独特的山场，其次需要个性化的品种，最后需要独特的工艺，这三点不仅赋予了茶丰富的内涵，而且让茶魅力倍增。

（3）运用指南

品质故事对于茶来说是老话如何新说的问题。曾经的品质故事讲的是质量管理、工艺流程、顾客口碑等，这样的故事内容局限性强，难出新意，而且听多了就烦了，用户或多或少会反感。

用户时代，一切都是用户说了算。品质故事也因用户角色变化翻了新篇章，茶品质的故事必须有用户视角：用户对茶的建言——提供产品升级创新的方法，如何建造——个性化的茶定制及优化，验收——喝茶与感受茶。关键在于通过生活细节感知质量，再现真实喝茶场景，这样的品质故事才能俘获用户，建立信任，让人们对茶充满向往。徽六六安瓜片的品质故事讲得妙，成就细分领域的王者。

9. 团队故事

（1）营销原理

品牌欲做"市"先做"人"，"市"在"人"为，货强还要人强。

商业的基本法则是先做人、后做商，顾客对品牌的理解源于人，任何一个优秀的品牌背后都有一个强大的团队做支撑，使品牌得以与用户见面并进入用户生活。顾客出于对团队的信任，更愿意与你打交；出于尊重与赞美，更乐意消费你的产品。

(2) 情怀——团队的基石

茶是一个大产业，但总体上茶企实力还比较弱小，而且多处于三、四线城市，工作环境一般，更没有诱人的薪水。在乡村振兴战略中，茶充当排头兵，茶人有新使命与新责任——当农业强的领航员、做农村美的美容师、成为农民富的带头人，为新农村建设贡献智慧与力量。这也是每个茶人必有的情怀，茶人也因此变得可敬可爱。

(3) 运用指南

中国茶要学会讲团队故事、企业梦想、行为准则、责任精神、奋斗激情等，让用户感受到一个有梦想、有激情、有知识、有能力的优秀团队，全力以赴向着目标前进。这样用户不仅会认可，还会被感动，进而被品牌吸引，成为忠实的用户。

第七节 造口令，巧占用户心智

抢眼又走心。抢眼凭颜值，走心必须靠语言。用语言的形式传递价值，将产品链接进用户心智，是品牌建设成败的关键。

一、新时代，信息消费模式变了

语言传递价值，知易行难。语言是一门行为艺术，言者承诺，听者解码，通常是言者无心，听者有意，言者与听者很难在一个频道上，"话投机"成为一件十分困难的事。更大的难题是，移动互联网时代，信息泛滥成灾，如何才能让品牌信息从海量信息中脱颖而出，触达用户？

互联网在鼠标、触摸屏的带领下，席卷全球各个角落，致信息爆炸。据科学家统计，互联网一天产生的信息量高达 800EB（$1EB = 10 \times 10^8 GB$），如果装在 DVD 光盘中要装 1.68 亿张。单说数据，大家可能无感，如果告诉你，中国视频网站 1 秒钟上传的内容够一个人看一辈子，信息过量有多恐怖，大家都有深刻的感受了吧？！

人们的感观膨胀，信息严重超载，为了应对如潮水般涌来的信息，信息消费模式被迫发生改变，人们被迫囫囵吞枣、蜻蜓点水，降低对事物的理解深度，开启"多、快、好、省"的信息消费模式，以进行自我保护和自救。

在"多、快、好、省"的信息消费模式下，任何信息都必须化繁为简，让人一看就明白。耗时少，不烧脑，有实效，可以简单快速做出判断，成为信息传播的基本法则。

二、品牌口令：打开用户心门的钥匙

信息时代，资讯如潮水般涌向用户，人们会本能地把心门锁紧。这时，如果企业带着让用户掏腰包的心态做营销，用户就会更加抗拒。

信息时代，用户崛起了，加之文化的自信，支付已基本不成问题，消费变成一个靠感觉的事，标准也只有一个——我喜欢我选择！喜欢没有客观标准，情感认知分量很重，产品承载的情感认知也就成为选择的关键。

用户信息接受方式和消费行为模式的双重驱动下，品牌必须找到一个信息点，用简单的语言触动用户内心最柔软的地方，让用户主动打开心门，并欣然接纳。

触动人心的信息点，转换成专业术语就叫品牌口令。品牌口令与买点是有内在联系的，买点说的是顾客认可的茶的价值，一个品牌、一个产品可能有多个买点；品牌口令把诸多买点融为一体，用简单、直白、浅显的语言表达出来，向用户发出消费行动指令或价值观念指令，让用户产生行动——买茶、喝茶。

三、智造口令，引爆流行

品牌口令是打开用户心门的钥匙。信息时代，用户习惯圈子式生存模式，任何用户身后都有一个甚至多个社群，由于共情能激发消费共振，一个人的喜欢就能变成一群人的狂欢，从而引爆流行。

在茶叶营销中，比较尴尬的是，多数品牌口令并不在品牌战略之列，企业不愿意花钱请专业人士创作，要么随便编一句话，要么搭别人的顺风车，不仅口令不出彩，而且白白浪费了很多传播资源。因此，必须告别山寨主义和任性而为的做法，走系统规划、精心打磨之路。

1. 品牌口令创作原则

品牌口令是精准导向，即在特定的消费者人群中寻求价值共识，其创作必须坚守四项基本原则。

其一，价值原则。品牌口令，先有品牌，后有口令，必须换上用户视角解码茶叶品牌的价值体系，用简短且具有煽动性的鼓动性话术传递品牌价值。"大师作"是茶界价值挖掘的典范，小罐茶这个入侵者，值得学的地方很多。

其二，相关原则。品牌口令阐述的任何话术，必须在茶品牌理念的基础上，不能脱离茶本身及茶核心利益点，不能超出品牌自身的理念和调性。"茶有益，茶有大益"，相关性传递十分巧妙，也让品牌脱颖而出。

其三，简洁原则。品牌口令必须简洁，用简短的一句话传达品牌价值。茶文化很复杂，能将其简单表达是艺术，更是技术，表达出用户心中的茶才是口令创作面临的最大挑战。"小产区，祥源茶"，简洁精准传达定位，让品牌易识别，好记忆！

其四，独特原则。口令体现品牌个性、品牌人设，同时体现时代特点。品牌口令要做到与时俱进，在互联网语境下要有料、有趣，这是引发流行的关键。

2. 品牌口令创作方法

品牌口令要成为用户共识，必须与用户同频，这需要同情、同趣、同调。

其一，同情。情感驱动：口令是让用户行动，要让用户听到心里去，所以必须饱含情感，即必须找到一盒茶代表的用户情感和生活态度，传递一种生活方式，传达一种价值观，这样才能打开用户心门，并走入其心中。"竹叶青，平常心"是同情的典范，把高雅装进高端用户心中。

其二，同趣。语言艺术：用户消费信息有料、有趣，需要运用比喻、夸张、对仗、排比、顶真等语言艺术，让口令有用、有料，用户才会不反感，进而接受。

其三，同调。生活化表达：口令来源于用户生活，必须借他们的眼去看茶，借他们的耳朵去听生活，借他们的心去感受茶文化，用他们的语言去说茶，才能与用户亲近，与用户心相连。"陈升号，让你知道大树茶的味道"，浓厚的生活味让人倍感亲切，自然亲近！

第五章　茶叶产品炼精术

　　用户主权时代，人们借助产品来构建自己的小世界，好产品让用户成为最好的自己。产品已不单单是一个消费问题，而是用户的自我映射，是一种社会化对话语言。

第五章 茶叶产品炼精术

第一节 用户时代,产品新定义

产品为王,赢在开端!

中国茶从未忘记初心,一直在坚持产品主义。茶的产区有历史、物种有个性、工艺有特色,好茶多如牛毛,茶人十分自豪的一件事——把标准茶卖给了老外,把名优茶留给了自己喝。

中国不缺好茶,但叫好又叫卖的茶产品不多。当前,茶界对产品的定义仍停留在农业时代,过分强调物性基础——外形、汤色、滋味、香气,茶成为一个简单的实体产品。物性确实是一杯好茶的基础,但不是茶的内核,这不是信息时代顾客对产品的认知,不仅当下叫卖难,未来大卖的可能性也不大!

一、顾客革命,产品重生

当下,全球跑步进入信息社会,环境变了,顾客革命了,消费理念和行为均发生了根本性变化,产品也必须跟着变。

21世纪,个体崛起,人们有强烈的彰显自我的欲望,人们借助商品构建自己的小世界,因此每件商品都必须有自己的个性,不能撞衫,更拒绝撞脸,从而引发个性化产品风潮。

21世纪是一个奔跑的年代,人们处于忙碌状态,时间不够用,一个完整的消费行为通常被分解为多个节点,分散在不同的时间和空间完成,这就要求产品必须有链接能力,能突破时空限制,24小时与用户无缝衔接,才能走进用户的生活。

新一代用户不是统计学中的数字符号,他们有血、有肉,有丰富的情感，他们主张把审美和精神投射到器物上，赋予产品"人性化"的特征，展现人们对美好生活的追求。好产品的标准已不单单是解决生产和消费问题，而是用户的自我映射，产品本身应该成为一种社会化对话语言。

个性源于功能，功能来自物性；链接力源于内容，内容来自知识；自我映射代表生活态度，生活态度由价值观决定。顾客全新的需求赋予了产品新的定义：以物性为基础，物性承载内容，内容附着价值；它脱离传统的简单实体产品思维，是"实体产品（功能主义）+核心产品（精神价值）+媒体化产品（知识体系）"的复合体。

二、三张牌，打造明星产品

在中国，茶从来就不单纯是一片滋味颇佳的树叶，而是社交工具；茶是构成大众语言体系的一部分，以茶为媒的生活，作为一门艺术、一种美，体现的是中庸、和谐、宁静的东方生活哲学。喝茶是一种修行，茶是人生的映射。

一杯茶有强大的物性基础，有丰富的内容，还承载着哲学价值。三剑合璧，本可轻松打造闪闪发光的明星产品，然而事与愿违，茶品牌缺的就是爆品。这三张牌是茶自带的，打法是缺少技巧的、不系统的，难以形成合力，自然无法打造出明星产品。

其实，要打好这三张牌并不难，只要换上用户视角，回归饮茶场景，将茶接入用户本真的生活，产品就可以承载用户梦想，有梦想才能走心，才能打造让人一喝再喝的明星产品。

1. 产品物性体系

物性是功能的集合，是一切的基础。茶与市场所有品牌一样，遵守物性基础决定上层建筑这个普世法则；没有物性基础，内容无承载，精神价值无法附着，自然做什么都是白搭。

从用户端分析，茶的物性分为三层。

第一层是基础物性解构。主要是汤色、口感、香气、耐泡性、外形审美等，按远形、中香、近味这个原则决定一款茶的接受度和市场竞争力。

比如，安吉白茶历史并不久，文化自然不太厚重，能强势崛起，就胜在口感——鲜爽好喝。

第二层是中间物性识别。主要是与其他茶有无显著区别，有无独特的标签，能否让用户记住。识别性让茶在众多品类中脱颖而出，是品牌个性的基础，也是提升品牌价值的关键，是茶叶品牌脱实入虚的起点。比如，老班章声名鹊起，基础就是其霸烈的茶气。

第三层是顶端的稀缺性。茶是商品，遵循供求规律。如果某一品类太多，价格敏感度就会很高，这样就只能参与生活茶的竞争。稀缺性是高端品牌的入场券，普洱茶为什么一不小心就能卖出天价而黑茶则难很多？就是因为普洱茶山头古树有稀缺性。

这三层物性是茶从普通产品走向顶级产品的阶梯，是茶叶产品分级的标准，也是确定品牌定位的基础。

2. 品类知识体系

茶从历史走到今天，时间很久远；从茶园到茶杯，链条很长、节点很多；茶既是农业又是文化业，与生产、生活联系紧密；茶孕育出十分复杂的知识体系；茶知识多但并不杂乱，有脉络可寻，归纳为五个系统。

其一，物种知识。中国茶品类多，品种更多；每类茶都有其独特的个性和功能。功能不同，人一天、一年、一生喝的茶都不相同，物种知识让人们了解茶，喝对茶。

其二，品饮知识。茶的冲泡讲流程、品饮讲技巧。茶品类多，几大茶类冲泡流程各不相同，品饮也有差异。同一款茶，在不同场景下的冲泡方法也是有差别的。茶的冲泡是技术，茶的品饮带有仪式感。茶的冲泡品饮知识是喝好茶的关键，也是用户爱上茶的关键。

其三，技术知识。茶有山场、品种、工艺三大香，技术激活物种性能，放大山场香。茶制作技艺流派多，传承千百年，但都从手工起步，一直带有手掌的温度。技术不仅代表尊重并精心雕琢每一片茶叶，还代表匠心精神，技术知识是茶从物性升级到人格化的起点，也是用户迷上茶的起点。

其四，产区知识。茶产区知识包含环境、山形地貌、土壤土质、气候等自然禀赋，还包含民俗、民风、社会治理等诸多要素，是自然、物质、制度、精神的结合体；产区知识将茶升华为农耕文明的代表，是茶脱实入虚的关键，从此用户将喝茶上瘾。

其五，历史知识。茶与中国历史同步，从不缺席，以茶为媒，谱写一个国家文明的发展轨迹，沉淀历史和文明的印记。茶是华夏文明的符号，也是文明演进的生动佐证。一杯中国茶，半部中国史，茶是全人类共同的财富，历史知识将茶升华为别具一格的民族文化符号，喝茶成为生活信仰。

五大知识体系让茶有十分强大的链接能力，接入用户本真的生活场景，对全域用户进行无差别覆盖；五大知识体系让用户了解茶、喝对茶、喝好茶、爱上茶、迷上茶，实现从茶小白到茶玩家的进阶；五大知识体系让茶从生活茶走向文化茶，抢占品牌金字塔塔尖。

3. 产品价值体系

茶这片树叶，社会属性一直大于物质属性。茶历史太悠久，内容太丰富，链条太长，附着点太多，附着力超级大，从茶园到茶杯，全是内容和节点，每个内容和节点都植入了深刻的思想，形成中国茶庞大而丰富的价值体系。

价值第一层：用户映射价值。用户喝茶是以茶为媒，表现一种生活方式，展示人生观和哲学观。茶有情感，可触碰，是用户自我价值的映射。

价值第二层：文化审美价值。茶与中国历史同步发展，全面融入社会，与物质、精神、制度文化相辅相成，自古以来就有"茶助文盛，文助茶兴"一说。茶是东方美学符号，能够增强人们的文化自信。

价值第三层：文明价值。茶产业之道在微观层面体现精益求精的匠心精神，在中观层面体现坚忍不拔、自强不息的奋斗精神，在宏观层面体现和谐发展、道法自然的中庸之道。文明价值有普世性，是全球通用语言，是中国文化内核中的内核，是擦亮茶品牌的核心力量。

价值体系能将茶从物化升级到人格化，是茶叶品牌建设的终极目标，不仅让茶叶价格脱敏，而且把喝茶升华为一种信仰，成为用户生活的日常，一喝再喝，根本停不下来。

第二节　金字塔原理，搭建最佳产品结构

产品决胜开端，结构决定成败。

产品——茶好喝，是打开用户心门的金钥匙；结构——多款茶协同作战，实现市场覆盖最大化，战胜竞争对手，是品牌成功的关键。

一、产品结构——一个战略问题

茶是一个高度分散的行业，市场碎片化甚至粉尘化；企业要成长，多产品覆盖多个碎片，连片成面才有规模效应。

产品连片成面构成"产品生态圈"，深度服务用户，最大化地覆盖市场，这是茶叶品牌的通用策略，八马、华祥苑等头部品牌都这么干。

"产品生态圈"覆盖多茶类，甚至全茶类，包括生活茶、社交茶、文化茶。不同产品在功能上有矛盾，文化上不能融合，价值上存在冲突，所以协调产品之间的关系，避免互搏引发内讧是一个大难题。

建设"产品生态圈"整合先行：横向整合追求品类覆盖广度，协调各品类关系共享价值；纵向整合追求品类深度，协调同一品类下的产品关系覆盖更多场景；双向整合形成的产品关系网叫产品结构。

产品结构是一个复杂的大工程，协调品类关系是战略级问题，唯有品牌架构能解决。协调单一品类下的产品关系是战术级问题，通过产品组合来达成。

营销的基本原则是战术支撑战略，单一品类在顶层思维下以共享价值为基础建立起规则，通过市场检验，其他品类顺势而为即可。

茶叶品牌的产品结构一般放在单一品类下根据战略解码落地推进。

二、产品结构——市场竞争的基础

回归单一品类构建产品结构，是一种化繁为简的思想，并不意味着构

建结构会轻松愉快，还有诸多问题要解决，而且比较难解决。

构建产品结构第一任务是搞定人。人喝茶是多元化的，一天、一年、一生喝茶各不相同，不同场景喝茶也不一样；情感忽强忽弱，价格时敏感时脱敏，功能时强时弱。要搞定人，品牌必须覆盖高端文化茶、中端社交茶以及低端生活茶，这三者文化不兼容，功能有差异，协调起来很困难。

构建产品结构第二任务是搞定竞争对手。中国有一百多万家茶相关企业，任何赛道都严重塞车，有比你更强的对手，有比你更狠的对手。要搞定对手，品牌必须用产品来建立优势，同时构建起竞争壁垒，这套组合拳不好打。

构建产品结构第三任务是搞定渠道。比用户更敏感的是渠道，高端渠道与低端渠道基本没有交集，经营理念相去甚远，文化氛围完全不同，空间逻辑差别很大，营销方式不兼容。要搞定渠道，品牌必须分化出产品群去覆盖不一样的渠道，各渠道和产品形成合力，难度相当高。

完美的产品结构内部整合价值，拉长产品线，最大化覆盖市场，满足用户更多场景的喝茶需求，从容应对各类竞争对手；产品结构是营销战略的支点，也是市场竞争的基础。

三、"金字塔原理"——产品组合法则

完美的产品结构有三大任务、四大目标。三大任务即搞定人、搞定对手、搞定渠道；四大目标即产品多而不乱、层次分明、市场功能完善、营收盈利多元。

三大任务与四大目标相结合，茶叶品牌的最佳产品结构诞生——概念产品、明星产品、基础产品、防御产品组合成全价格链。概念产品居顶端，整体规模小；基础产品、防御产品在底部，整体规模大；明星产品在中间，规模也居中，整体形状好似一个金字塔，故称"金字塔原理"，也称作"金字塔模型"。

1. 概念产品

概念产品是指具备独特消费理念的产品。茶给概念产品创造第二语

义，代表某个独特物种或独占某种特色文化，因此一般又被称作文化茶。

茶是中国原生产业，产区有历史沉淀，茶树有传说传奇，技艺有人文温度，这些概念在消费者脑海中根深蒂固，一般占据着价值链的高端。这些概念是茶的根与魂，找到这些点就能增加品牌文化含量，提升价值感，让茶身价倍增，备受追捧。

概念产品其实是借文化擦亮品牌，借物种塑造其稀缺性，借技艺证明其珍贵性，让茶有点奢侈品的味道，目标是让大众景仰而并不一定让大众喜欢和接受。概念产品有价无市，销售并不重要，抢占品类的制高点树旗帜，拉动其他产品销售才是其基本任务。概念产品对销售网点十分敏感且十分挑剔，为保持神秘感和制造稀缺性，一般仅在品牌专卖系统和高端专营店中出现。

茶叶品牌，无论是产品品牌还是公用品牌，如果要引爆市场，概念产品都是核心驱动力，一个品牌一个产区，若树立不起产品概念，很难进入用户心智。西湖龙井能成为绿茶之王，普洱茶能开创类金融模式，其实都是概念（文化、山头、技艺）成就的品类大赢家。

2. 明星产品

明星产品是指企业最有影响力、综合贡献最大的产品，像明星一样光环闪耀。茶的明星产品是原料、技艺、文化的集大成者，有功能基础，承载情感，映射用户。明星产品又被称作社交茶。

用户识别标签。21世纪的用户越来越懒，对信息进行标签式的简化处理，茶叶品牌要挂在用户的钩子上，必须创建一个简易的符号标签，这个符号必须由某一款（组）产品支撑，这款产品自然就成为明星，比如"陈升号"大树茶的标签就是"老班章"，大众也将"陈升号"等同于"老班章"。

开拓市场利器。当下市场与媒体碎片化，茶企资源较有限，聚焦是最好的市场策略，集中所有资源打造优势产品，让其成功抢占用户心智。借用户"一站式"喝茶的习惯，其他产品搭明星产品的顺风车，巧妙地进入用户的茶单，实现一只产品带动一个品牌。

打造明星产品是茶叶品牌营销的引爆点，是一件需苦干、巧干、系统地干的事，有方法，也讲技巧。

其一，稳定的物性。外形、口感、汤色、滋味、香气恒定如一，这必须与看茶制茶的思维说再见，通过标准配方、标准技术、标准流程生产出品质恒定的产品。这对于崇尚手掌温度的文化茶而言，是一个不小的挑战。

其二，独特的个性。明星产品必须有个性，有识别性。基于山场与物种，用工艺放大其特点，汤色、滋味、香气等方面讨喜又易识别，这是明星产品的入场券。

其三，价值体系。用户的心是热的，茶是冷的，要走进用户内心，就必须赋予茶人格化特征，产品必自带内容，内容承载价值，价值赋能让茶成为用户的梦想和自我映射，用户才会喝茶上瘾。

其四，颜值抢眼。信息时代，眼球经济盛行，要在市场竞争中脱颖而出，必须先抢眼；打颜值牌，树立品牌"时尚"形象，这是明星产品的重要砝码。

明星产品是企业形象标签，撕开市场的利器，也是企业利润的保障，打造逻辑必须走高质高价或高质中价路线，是企业资源重点投入的地方，也是最容易受到攻击的地方，必须为其建立好防火墙，减少市场竞争对手的冲击，这是明星产品成长的必要条件。

明星产品有全域覆盖的能力，为了自我防护，一般有选择地覆盖，核心渠道主要是专卖专营系统和特通渠道及跨界渠道。

3. 基础产品

基础产品位于产品线的中低层，是用来扩大市场覆盖面，提升市场占有率的产品。基础产品注重功能和口感，讲究性价比，又被称作生活茶。

茶叶产品结构中，概念产品有价无市不追求规模，明星产品定位相对高端，有较强的选择性，市场覆盖率也有限，增加覆盖收获边际效应成为必然选择。

中国茶的未来是两极化：一极是高端重情感的文化茶，一极是挤干品牌水分，回归茶天然饮品属性的生活茶，任何一个品牌都必须同时占领这两极。

基础产品是任何一个企业都必须参与的赛道，竹叶青、小罐茶等头部品牌纷纷推出生活茶就是最好的例证，做好生活茶不仅仅是低价与规模那么简单，也有方法和策略：

其一，物性第一，精神性弱甚至去精神性；

其二，去产区化，回归大品类追求广泛的适用性；

其三，标准化，工业化流水线生产打造大单品；

其四，高性价比，满足日日饮用的喝茶需求。

基础产品的目标是收获边际效应，市场竞争焦点是性价比，其定位一般是中质低价，通过薄利多销来抢占市场。要想实现多销，就必须通过大流通、覆盖大渠道。基础产品也可以全渠道覆盖，其主要的舞台是超市、特产店和电商。

4. 防御产品

防御产品是为应对市场竞争，保护明星产品不受竞争对手干扰而推出的产品。

中国茶山寨战术比较流行，任何企业明星产品打造成功，通常都会吸引一大堆模仿者，模仿者的通用策略是发动价格战，摧毁企业的利润宝地；应对之法就是以战止战。

用户有占便宜的习惯，茶叶市场无品不打折，无店不促销，任何一个品牌都有做促销的压力与需求。

无论是应对竞争还是满足消费者占便宜的习惯，企业都必须学会打价格战，概念产品没条件参战，明星产品和基础产品不愿参与，因此只能另建设一个分支，进行积极的价格战，这类产品就叫防御产品。

防御产品也不是可有可无的产品，而是品牌组合不可或缺的一部分，与众不同的责任确定其有独特的构造方法：

其一，成本低，可以快准狠地打价格战；

其二，防御产品根据竞争对手而定，产品、价格、渠道都是动态变化的；

其三，生命周期长短不一，根据变化随时推陈出新。

四、三步建成"金字塔模型"

"金字塔模型"是品牌竞争最完美的状态,这套严谨完美的产品结构对技能要求较高,实施起来必须有很强的实力支撑。中国茶虽已进入"大时代",走入发展快车道,但是多数茶企规模并不大,实力一般,所以一步到位建立完善的产品结构并不现实,市场实践中必须因时因地制宜,灵活运用。

1. 规划先行

构建"金字塔模型"必须先看路再拉车。战略先行,确定品牌架构和战略边界,建立底层逻辑,树立品牌调性,构建知识体系,明确参与哪些赛道,明确方向和步骤,进行有计划的推进。

2. 塑造核心

构建"金字塔模型"必先建支点。市场是无限的,企业资源是有限的,很少全面铺开、全线推进。一般都是根据企业资源和能力,采用聚焦策略,把某一层级的产品做深做透,找到自己生存的根据地。聚焦要精准卡位,为未来延伸留出空间,便于长远发展。

3. 完善结构

品牌要取得一定的市场地位,无论竞争的需要,还是可持续发展的需要,品牌必须进行延伸,最终构建起完善的产品组合结构。

延伸有由高到低和由低到高两个方向,由低到高先易后难,由高到低先难后易,小罐茶在这方面做出了有益尝试。黑山红从高到低的建设路线也是这种思想的表现,这是中国茶叶品牌建设的首选策略。

第三节 四驱模型,塑造产品个性

有性格收获一切。

茶叶要塑造强势品牌,要在竞争中胜出,唯有在大同世界中创造出大不同。

一、新时代唯有个性能胜出

唯有大不同才能胜出,不是田友龙这厮言行出位以博眼球,而是个性化经济时代营销必须遵守的黄金定律。

个体经济源于个人的崛起。这里必须温故一下,互联网时代有四大驱动力让个体崛起:一体多元价值模式下,个人得到尊重;文化自信前提下,个性得到认同;经济丰裕、产品丰富,人们可以为喜好买单;制度保障,开启个人自治新模式。

人们在"大时代"里构建一个人的小世界,这个小世界必须用商品来搭建;商品必须体现个性,个性化入侵每个行业,催生个性化经济,世界因此更加多姿多彩。

营销的基本任务是发现并满足用户的需求,曾经这是无法完成的任务。工业时代,为了创造个性,可以利用的最先进的工具就是市场细分,用的是"统计学需求理论"模型,最多算粗分,不算细分。

互联网上半场,市场细分技术升级为"传统+网络"双核理论;传统企业嫁接互联网大数据,以企业内部系统小数据、人与人交互信息为切入点,加入诸多变量因素,从有形细分向无形细分(目标市场抽象化)转化;对用户进行精准画像,尽可能选有交叉的窄领域,以此实现个性化营销的梦想。双核理论确实走上了细分之路,但离个性还很远!

无论"传统+需求"模型,还是"传统+网络"双核理论,这两种方法都属归类法,都是在找一个群体的最大公约数,差别只是群体的大小,而这是无法找到个性的,与个性营销不是一个概念。

移动互联时代,社会运行的基本原则是链接,从个体发出的声音中找到共同价值观,把价值观分散在内容中,用内容吸引"志同道合"的用户,构建有信仰的社群。社群有共同的兴趣爱好,一个人的喜好变成了一群人的狂欢。

通过链接流程解构,发现个性化是一件很容易做到的事,满足个性化需求也不难办,个性化在满足个体需求的同时也成就了一种经济模式,个性营销时代到来了。

二、四驱模型，塑造个性茶

茶是一个高度分散的产业，本身一直在追求个性。茶是农业，是文化业，还是服务业，当通用逻辑与产业特性相遇，其个性创建就有不一样的路径和方法。

1. 价值引领，确定基因

茶好喝是基础，但这并不是其最强大的因子。茶流传千百年仍生命力顽强的原动力是社交文化，中国社交文化一半装入一瓶酒中，一半泡进一杯茶中。

茶作为社交工具的属性与生俱来，人们喝茶不仅仅希望获得生理上的满足，更重要的是获得精神上的满足——通过茶标明身份，通过身份认同建立志同道合的小圈子，聚集成一个生活部落。可以说，茶代表了一个小圈子的价值共识。

实现共识价值是一次发现之旅：发现价值——寻找超级个体，从超级个体发出的声音中找到共同价值观；维护价值——把分散在内容中的价值升级凝固，并固化成社群文化体系，建立社群的语言系统与风格；扩大价值——以价值连接内容，用内容吸引更多"志同道合"的用户，形成价值共识；开启共识经济——圈子共情、共识、共振，个人喜欢就变成群体的狂欢。这是价值驱动下个性品牌塑造的原理。

价值是产品的底层，塑造价值就为产品定性定调：确定产品理念，规范产品内容，确定产品边界，树立产品风格，确定产品基因。

2. 物性优先，建立基础

物性是一切的基础，没有强大的物性，就没有好的品牌。物性特点是产品个性基础，如果物性没有特点，产品个性就无从谈起。

物性有两个指标，一个是即时性感知物性，另一个是延后性感知物性。即时性感知物性缺乏或不明显，则用户不会买；延后性感知物性缺乏或不明显，则用户不会回头，也就没有品牌忠诚度。

茶的即时性感知物性主要指标是外形、汤色、滋味、香气，茶的延后性感知物性主要指标是营养价值与健康价值，这两个维度的感知性是茶受欢迎的关键因素。比如，这些年茶界一直在推富硒茶，就是因为其感知性太弱，才事倍功半。

中国茶的物性主要来自山场、品种与工艺三个方面，中国茶要突出重围，必须在这三个方面上找到支点，大众热捧的茶证明了这个原则，比如普洱茶胜在山场香，安吉白茶赢在品种香，武夷岩茶则胜在工艺香。

山场香与品种香吃的是资源禀赋这碗饭，操作空间不大，工艺香却事在人为。中国茶工艺复杂，通过解构重组、跨界组合等方式，创造一切皆有可能。事实上，技术跨界能产生神奇力量，是创新物种的温床。跨界爆品金花香橼，以永春佛手（亦称"香橼"）精制后的乌龙茶为原料，结合海堤红焙酵工艺及茯砖茶发花工艺研发出带有"金花"的香橼茶，独具菌花香和枣香，特殊的口感和养生功效使其一上市就备受追捧。

产品个性是仁者见仁的事业，特别是以个人感官为基础的汤色、滋味，有人喜欢，就有人不喜欢。个性不是人民币，能让所有人满意，即使热火朝天的普洱茶，为其点赞的粉丝很多，吐槽者也不少。

3. 颜值时尚彰显个性

茶是文化业，内容（产品）与形式（颜值）同等重要；信息社会是读图时代，商业从头脑争夺战变为眼球争夺战，要走心先抢眼，好产品必须重颜值。茶叶个性必须借助颜值传达，每次接触都要用颜值把用户融化，这才是个性产品正确的打开方式。

产品颜值就是走设计成就品牌之路思想的具体实践，基本方法见本书第四章的颜值塑造法，这里不再赘述。由于颜值对购买决策的影响太大，对于产品颜值必须再强调三个基本原则：

其一，颜值是美学和人体工程学的完美融合，目的是好看还要好用，茶企一般很难二者兼具。这一点小罐茶是榜样，每款产品都做得精致、美观，铝箔封口更让开罐简便易行，将时尚之美与人体工程学之美体现得淋漓尽致。

其二，颜值是产品包装的艺术，而不是艺术的包装，包装以卖货为第一原则，将卖货与艺术协助统一，才是真正的"颜值经济"。

其三，颜值建立在包装功能基础上，有颜值的设计必须保护好产品，让产品便于运输、储存及使用，否则再美的颜值都没有价值。

"颜值经济"最终实现三个目标：第一，增加产品渠道空间视觉冲击力；第二，凸显产品在数字世界的识别性；第三，让用户快速领会产品个性内涵，这样颜值才能提升产品价值，通过抢眼走进用户内心。

4. 服务创造无限可能

市场竞争中，茶企可能同处一个产区，物种可能相同，技艺相似，该如何创造个性？

茶有一条很长的产业链，从喝茶的角度来看，冲泡是技术，品饮是艺术，因此从某种程度上来说，用户拿到的茶，其实只是半成品。这就为通过服务增加产品个性与价值提供了机会，服务一直是中国茶组成的一部分。

用户喝茶，一直有买对茶、喝对茶、喝好茶、喝得更有仪式感的诉求，这就是增值服务的着力点，也是个性创造点。

其一，知识服务。提供专业知识服务，让用户认识茶，知道不同场景该喝什么茶，如何泡好一杯茶；让喝茶更有意义，也更有诗意，建立个性化的连接系统，增加产品的个性色彩。

其二，储存服务。茶是慢消品，需要储存，不少用户有买新茶喝老茶的习惯，茶叶储存的必要性也就彰显出来。茶叶储存有专业性，对基础设施有较高要求，对专业指导与代储存有很强的需求；这不仅能增加产品个性与价值，还能增加用户黏性。比如，华祥苑斥巨资打造大型普洱茶仓储服务中心成为业务的新亮点。

其三，礼仪服务。喝茶不仅要体现品位，还要体现仪式感，这就需要专业礼仪来塑造，服务增加仪式感，增加产品的文化魅力，更增加产品的个性化魅力。比如，竹叶青的高端茶开启上门茶礼服务，获得用户一致好评。

"茶+服务"，关键在于用心，换上用户眼睛去看茶，换上用户嘴巴去品茶，装上用户的心去认知茶，自然就能找到着力点，创造无法复制的个性，这是高端市场的制胜秘籍。

三、三步，用个性点燃市场

四维模型是塑造产品个性的基本原则。打造个性化的茶产品，行动上只需要三步。

1. 以用户为中心

个性塑造是从用户出发的逆向思维。对茶企来说，最大的挑战是告别"资源主义"和"产品主义"，学会关注人。这里的人不是一般人，而是超级个体，通过超级个体将企业引入一个群体或圈子，发现这个群体或圈子中个体的共同喜好，这是个性化的源头。

2. 启动"茶+数字化实践"

启动"茶+数字化实践"，将用户本真生活行为数字化，关注特定时空下的小数据，就能发现用户的痛点，再集合形成需求图谱，不仅贴近生活、满足需求，而且个性鲜明。

3. 进行场景化营销

如何将功能、价值、服务、颜值与用户复杂多样、多变化的需求结合，融入一个产品中？进行场景化营销，需要在一个特定的空间、时间、环境中，将功能、情绪与情感进行高效、精准匹配，一个光芒四射的个性化产品便会诞生，其魅力无人能挡。

第四节 跨界，创造新物种

"跨界"，是随时代发展而来的新词。

这个词有多个解释，大抵可归纳为结合两个或两个以上专业（行业）的知识与技能创造新知识、新产品、新工艺、新服务。移动互联时代，大到国家，中到企业，小到个人，都在通过自己的方式，演绎不同的跨界故事。

茶与时代同步，一直在积极实践跨界，品一下小青柑的果香和熟普的糯米香结合的滋味，领略一下白茶的清新与玫瑰的浪漫结合的情调，体验一下红茶工艺与岩茶工艺结合的厚而醇的韵味，尝一下黑茶发花工艺与乌龙茶摇青工艺混搭的风味——茶玩跨界还真有两把刷子。

一、跨界，原叶茶的创新方法

茶玩跨界，一半是有意，另一半是被逼。

中国是茶的故乡，茶在中国是农耕文明的代表、华夏文明的符号，更是人生哲学的智慧表达，其传承惯性太大，传统的原叶茶有着无可比拟的优势。在大众的认知里，中国茶一定是原叶茶。

用事实说话，中国茶叶市场由新茶饮、碎茶、原叶茶三分天下。新茶饮的本质是卖空间，与茶的关系不是特别大；碎茶以立顿为代表，市场份额只有4%，原叶茶一家独大，中国市场是原叶茶的天下。这也符合产业发展基本规律，任何原生产业，原产地市场一定由原生态产品主导。

人通常有两种行为方式，一种是停留在熟悉的舒适区，这时候人们热爱经典；另一种是时不时喜欢冒一下险，寻找刺激，这个时候就要开启尝鲜模式。茶只守着经典，人们很快就会审美疲劳，这时必须用新、奇、特的产品刺激人们的感官，否则人们很快会将其从大脑中删除。

产品创新的基本之法是运用新材料、新工艺创造新物种。茶是传统农业，物种进化改善多、基因突变少，新原料出现是个小概率事件；茶又要保持原叶这一基本形态，其科技融入度非常有限，这迫使茶回到根本，将山头、品种、工艺三大核心要素边界打破重组，守住原生文化底线，进行有限创新，基于原叶茶创造出新物种！

中国茶曾经的核心竞争力是山头、品种、工艺，并对此一直进行严防死守，但商业让资源广泛流通，互联网让技艺共享，其封闭的系统被打破。中国茶技艺繁复，但有根可寻，这个根是绿茶，因此有重构的可能；品种与工艺相互交叉、混合、融合，在逻辑上有合理性，在现实中有可行性。传统要素的重组成为茶叶创新的重要路径，也是茶叶新物种诞生的温床。

二、原叶茶跨界创新的密码

茶叶跨界还要守住原叶的底线，戴着手铐、脚镣跳舞，难度还是很大的，但只要掌握茶叶品牌文化、品种、技艺构成的三角支撑底层逻辑体系，就能破译跨界创造新物种的密码。

1. 文化同构，创造新概念

中国茶底子是农业，基因是文化业，文化底蕴是擦亮茶品牌的王牌。

中国茶文化厚重，自动更新能力、包容力与聚合力都十分强大，能聚合相邻的概念成为新概念，也能吸引互补概念生成新主体，甚至能把互相排斥的概念有机融合，发挥协同效应，从而创造新物种。

文化同构、重组新物种的实践中，使用最多的方式就是 IP 联合。一杯中国茶，半部中国史，茶是中国社会语言系统的重要组成部分。这个系统里，阳春白雪与下里巴人共生，江湖与庙堂共享，其接纳能力很广，连接能力很强，可以与多种文化深度捆绑，联合各种旧 IP 打造新 IP，创造文化意义上的新物种。IP 联合创新，在茶界早已大行其道，中茶与《书画里的中国2》跨界联名推出老树普洱系列，中国"绿茶之王"竹叶青与舞蹈诗剧《只此青绿》联合推出了全新产品，小罐茶联手"五粮液"打造茶酒文化，创造超级单品"来自东方的礼物"茶酒礼盒。IP 捆绑是最浅层次的跨界，却为中国茶带来一道新的风景，有十分积极的意义。

文化同构，更深层次的玩法是创造新文化基因。茶是有药性的，茶叶作为药用被频繁记载在医书典籍中，药方也有数百个之多，药食同源的文化是茶叶跨界创新的重要基础。在古代，香是保健品，茶是药品，对香气和茶的保健作用的充分认识引发茶香热，由此诞生了史上第一跨界新物种——茉莉花茶。近代也有经典案例，柑皮有健脾养胃、化痰止咳的功效，熟普有降脂减肥、养颜美容以及抗衰老的性能，二者文化同属一系，香气高度融合，功能互相增强，均有可储存性，二者结合浑然天成，成就了广为流传的柑普。

2. 品种叠加，创造新品类

中国茶有三香：山场香、品种香和工艺香。

山场香，就是一方水土养一方茶，不同区域、自然环境、山形地貌、土壤土质、光热条件，造就了茶叶的特定属性。比如，武夷山丹霞地貌，紫色、红色砂砾岩成就岩茶的"岩骨花香"；黄山黄棕壤，矿物质丰富，水文气候等多样，成就黄山茶独具风味的清香。

品种香就是茶树与生俱来的香气，由品种基因决定。比如，肉桂的品种香——桂皮香，不论工艺如何变化，都能在盖碗上或是叶底捕捉到。

山场香也好，品种香也罢，优点突出，缺陷也十分明显。山场香与品种香都要看天吃饭，不好把控。山场和品种香有其优点，就必有其缺点；当下用户口感越来越厚重，越来越喜欢混搭，因此产生了品种叠加之法，聚合不同山场或品种的优势，创造一款口感更好、体验感更佳的茶成为趋势。

品种叠加的方法之一是将同一品类不同产区山场的茶叶叠加，让不同产区山头物种的性能互补融合，创造出独具个性的新物种。中国茶有区域概念，比如，毛峰前必加"黄山"二字。茶界一直想"去产区化"，中茶厦门就完成了这个看似不可能完成的任务。厦门不是茶叶主产区，却集合了全球红茶产区的好茶，经科学拼配，融合中茶海堤红的独特焙酵工艺，制作出一个全新的物种——海堤红，不仅成功"去产区化"，还打造出了一个超级大单品。

品种叠加的另一种方法是将不同产区、不同品类的茶叠加，以解决单一物种某种性能不足的问题，比如，香气不足、甜味不够、层次不丰富等，融合两品类甚至多品类创造一个全新的物种。这种跨界一直在进行，也许未来会成为茶产品发展的重要方向。

3. 工艺入侵，创造新风味

工艺香就是制茶工艺激发出来的茶香气，比如，炒青的豆香、烘青的幽香、红茶发酵的花果香、武夷岩茶炭焙的焦糖香、铁观音摇青的兰花香……

工艺香在中国茶"三香"中是唯一一件可以实现事在人为的事，不但可以把品种优势发挥到极致，而且可以实现各种工艺混搭，创造新物种。

中国茶工艺复杂，流派很多，但有共同的基因可寻。

中国茶工艺一脉相承，各类制茶工看似自成一派，实则可以解构重组，两种甚至多种技术融合成新技术，这事过去不敢想，现在确行得通。

技艺曾是茶的核心竞争力，制茶技艺都储存在制茶师的脑子里。为了避免独家绝技被"偷走"，大家都对自己的技术严防死守，根本没有重组的可能性。互联网让世界变得透明，制茶技术早已成为共享信息，各门派技术交融成为可能。

工艺入侵、融合大幕早已拉开，而且已结出硕果。比如，金花香橼茶，是中茶厦门打造的一个爆款，它以永春佛手（香橼）为原料，融合了福建乌龙茶初制工艺和湖南黑茶"紧压""发花"传统工艺，让乌龙茶开出"金花"。又如，万紫千红，是结合乌龙茶和传统工夫红茶加工工艺制作出的一款具有岩茶韵的红茶，也引发市场热捧。

三、建立试验特区，开展跨界试验

跨界是原叶茶创新的重要方法，虽然不是什么高新技术，但挑战在于思想：一是守旧思想，即一茶一艺的传统；二是偏执认知，认为创新就必须玩高科技，传统技艺玩不出什么新花样。只有搞明白原生物种的产业竞争逻辑，才能接受跨界思想。

跨界是中国茶创新的重要方向。跨界确实能创造不少新物种，但要一跨进入新天地，成就新物种，成为市场大赢家是不现实的，唯一的方式是试错，在探索中前进。

试错的机制就是建立试验特区，由"一把手"亲自抓，独立于成熟业务之外另建一个体系，否则很容易被传统茶同化而走偏方向。

第五节　迭代，产品更新四步法

品牌未长大，产品已变老。

这是一件让中国营销人很闹心的事，也是一件不太好解决的事。

这些年，中国茶人一直想摘下"大品类小品牌，大行业小企业"这顶帽子，尽管很努力，中国茶也实现了跨越式增长，头部集群规模也越来越大，但无论数量、规模还是影响力，都还不足以摘下这顶帽子。

其中的难点是做产品容易，但做好产品难，做出一款明星产品难上加难。更糟糕的是，明星产品打造不易，老化却很快，短暂的高光之后就黯然失色——变得不受欢迎，用户由"粉"转"黑"，明星产品流星多、恒星少！

一、新陈代谢，奔跑年代的主旋律

21 世纪是科技领跑的年代，新思想、新技术、新材料层出不穷、日新月异，这是创新的乐园，也是新物种诞生的乐土，新物种赶趟儿地往外冒，市场新老更替提速，市场前浪还未上沙滩，后浪就跟上了。

21 世纪是一个消费的时代，消费主义流行。消费主义受流行文化牵引，流行文化本身多变，处于跳跃和奔跑的状态。文化决定行为，用户尝鲜、尝新愿望十分强烈，任何产品必须与时俱进，做点新东西，搞点新动作，否则容易被淘汰出局，这一点全球概不例外。这些年，全球经典频繁跌倒，快时尚"吃饱，吃好"就是最好的例证。

中国用户发生了根本性变化——知识丰富了，个体自由了，购买力提升了，能为自己的喜好买单了；人们拥有了尝鲜的条件和能力，喜新厌旧成为一道风景线。所以，如果企业不搞点新花样，很快就会被用户从大脑中删除。

新陈代谢是社会普遍规律，旧的不去，新的不来，否则社会就不会进步，只不过由于科技大发展和信息共享，更替的速度越来越快。

茶受到的冲击更猛烈。茶曾经是个封闭体系，现被互联网打破，独占资源自由流动，独家技术变成公共知识，物种混拼与技艺杂交越来越普遍。更重要的是，传统茶文化受互联网解构影响大，各种新概念快速冒出，新老更替十分快，茶企除了面对别无他法。

二、微创，茶叶四步更新法

新旧更替是商业发展的规律，茶产业也不能例外，去旧与迎新的方式很多，各个产业走的路也不相同。茶是传统产业，文化厚重，科技含量不太高，新材料融合速度较慢，故茶产业发生颠覆性变化的概率相当低，更多的是小改小革，专业术语称为"微创"，在细微和局部创新就可以让茶产业"老树开新花"，占领人心，获得市场。

1. 文化更新，激发活力

中国茶的基因是文化，文化为茶注入了强大的生命力，茶才走过千百年来到当今，其生命力愈显强大，产业愈加兴盛。

茶文化包袱也十分沉重。茶是原生产业，古老而厚重，虽然经典，但缺乏时尚元素。茶品牌之旅的驱动力是流行文化，流行与经典一直是一对矛盾体，茶文化一直有与时俱进的压力，必须寻找突破的方法。

茶用户整体上年龄偏大，作为社会的中流砥柱，他们有工作上的压力和生活中的无奈，特别需要释放紧张、压抑、烦躁、冷漠等不良情绪。他们需要保持心态上的年轻，用有趣言行表现可爱的一面，保持一分简单的快乐，因此对于单纯、天真、轻松的年轻态文化自然亲近。茶文化必须与用户同频，与时俱进，不断更新，保持年轻时尚。

文化更新，并不是把茶文化推倒重建。经过千百年的沉淀，茶文化已成为中国社会语言系统的组成部分，革茶文化的命几乎是不可能的。经典的魅力在于可以更新，借时尚之形表达经典之魂，就可以大放异彩。

茶文化更新之法参见本书第二章第四节"专业主义推动茶企泛媒体化"，更新遵从"细、简、短、形、乐、鲜"六字秘诀。中国茶品牌化时间不长，文化更新紧迫感不强，市场中也很难找到标杆。他山之石可以攻玉，可口可乐与百事可乐是茶叶品牌学习的榜样，其文化之魂从未改变，但表现之形不断翻新，成就百年经典。

2. 物性提升，体验优化

物性是产品的基础，茶的物性更多是感官体验，具体而言就是对汤色、滋味、口感等做出判断。中国人的口味曾经有十分明显的界限——"南甜北咸，东辣西酸"，现在却走上融合之路，口味界限越来越不明显，而且口味越来越重。

茶必须跟着用户的口味变化而变化，满足融合和重口味的感官体验，增加产品的感官刺激性，同时提升产品的感官识别性，长期锁定用户。

用户感官体验由两个因素决定，一是产品本身的物理性能，二是产品的使用方式。因此，中国茶的物性提升与优化有两个方向。

物性提升就是从根本上改变茶的内涵物质，优化口感，这有一慢一快两条路。走慢路即运用现代科技改良茶树品种，增加物质成分，提升汤色、滋味和香气，这是一个漫长的过程，是一项科学事业，需要耐心，更需要大投入。走快路是取巧做法，通过工艺与品种的混合叠加创造新口感，这是当下比较流行的方式。

用户感官受到的刺激，不仅取决于茶叶本身的性能，还与包装、运输、储存、冲泡技巧有关，这是一个复杂而庞大的体系，为茶的改进提供了足够的纵深与空间，使创造全新的体验成为可能，这就是优化之法。

3. 颜值重塑，守住时尚

茶是消费品，遵守"颜值经济"定律，用颜值提升产品气质是茶品牌塑造和特色产品打造的核心支点。

颜值重塑是一项时尚事业，时尚的基础是流行文化，流行文化有新鲜感，引领潮流，具有个性，但多变。中国茶的颜值不能一成不变，必须时时更新，否则用户就会审美疲劳，很难被吸引。比如，立顿的颜值就曾经被茶行业视为经典，但固定色彩与包装形式与时尚越来越远，过去立顿是白领的至爱，现在已很难入白领的法眼。

由此引发了一个营销人想解决又找不到答案的难题——形象需要累积才能形成记忆，多变又会让用户记忆模糊，如何让二者兼容？

颜值重塑还能形成记忆符号，这种情况在茶行业虽不多见，但在其他行业早已成为常态。借用其他行业的经验，就能找到茶叶品牌颜值更新的路径。

其一，品牌层面，树立品牌价值体系，以此确定品牌的精神和基因。

其二，解码品牌价值，定下品牌调性，确定产品颜值表现元素。

其三，走碎步优化之路，在坚守调性和风格的基础上做局部与细节的更新，让产品既有旧的记忆点，又有新的潮流点，这样就可以让产品一直站在时尚的潮头。

4. 价格再定位，维护价值

价格是市场竞争策略，也是品牌定位及产品价值的体现，合理的价格不仅能帮助茶打造品牌效应，更能维护和稳固品牌，充分发挥无形的品牌价值。

价格是让茶剪不断理更乱的一件大事。

价格定位会因购买力变化而出现偏移，单位货币购买力因货币政策发生波动。从全球来看，通胀一直是主旋律，中国货币政策比较稳健，控制在一个理想的通胀值范围内，但时间的累积会放大通胀效应，让产品偏离原有定位。货币通胀作用在产品上是一个慢变量，很多茶企起初对此无感，待感受到定位偏离时，就会错过价格调整机遇，丧失已有的市场地位。比如，立顿曾是白领的标配，固守几角至几元钱一包的价格，曾经的时尚产品变成了大路货，人气大不如前。

茶是农业，产业属性决定了人工成本占比相当高。近年来，中国人工成本不断攀升，加之原材料价格上涨，茶成本一直在上升。要保持原有定位，就必须做出价格调整，若不变动价格，就只能降低品质，其实就是下调定位。

人们的消费能力与观念发生变化。当下，我国人均GDP已超过10000美元，全球经验表明，这是消费结构变化、消费档次提升的显著标志。曾经的主流产品变成低端产品，因此必须进行产品再定位。

价格再定位并不复杂，但为什么大家对此视而不见？原因在于大家有一个认知上的误区"产品定位＝价格定位"。产品定位的本质是价值确定，价格只是价值的表现形式；价值是永恒的，价格是可以变动的，锚定价值基点进行价格调整，茶就能卡好位不掉队。

价格再定位，策略上采取的是"小幅、多频次"调整的方式，与消费变化、货币购买力变化同频，就能守住原价值点，驱动茶品牌前行。

三、生命周期管理，主动出击

产品更新其实就是产品生命周期管。任何产品的生命都是有限的，无论曾经多么闪亮、辉煌的产品，必定有过时的一天。因此，中国茶企要想基业长青，必走之路是一边抓已有业务，一边抓创新布局未来，这才是茶企的正手，也是本书第七章要详细探讨的问题。

产品更新的目的是延伸产品生命线，是稳定市场，实现收益最大化。产品分为导入期、成长期、成熟期、衰退期，其中，导入期重在建立产品概念，成长期的关键动作是市场扩张树立概念，成熟期是产品改良的起点，如果此时不进行产品更新以延长寿命，衰退期就只能改赛道。企业必须主动出击，启动产品生命周期管理，根据产品与市场周期，采用差异化策略，才能真正赢得市场。

第六节　延伸，建成品牌生态圈

品牌玩深度，产品做加法。

这是高度分散型产业的基本策略，也是茶叶品牌从小而美走向大而强的重要路径。

茶叶品牌通常都有十分长的产品线，在市场实践中很难看到茶品牌用一只或几只单品打市场，通常是搞一堆产品"打群架"。

一、茶，为做法而生

加法在中国市场一直很流行，它能充分利用品牌资产，抢占货架空间，借势进入用户心智等诸多好处。茶更适合做加法，因为有强大的内因驱动——价值包容、链接力强，几乎就是为做加法而生！

1. 价值包容

茶不仅是一种天然饮品，更是一个价值符号，喝茶体现一种兴趣爱好，传递一种生活主张，表达一种价值观，价值观有很强的包容能力，延伸基因与生俱来。

2. 链接力强

茶品牌构建的核心三元素是物种、技艺、文化。物种有个性，技艺有独特性，这二者链接力弱，文化包容力和链接力强，可以串联多个品类与品种，这就让茶有了很强的链接力，可以串起多个产品，形成生态。

二、一种加法，两种不一样的逻辑

企业追求剩者为王，只要能成为长跑冠军，大与小从来不是问题。商业实践中与之相反，市场推崇"大哲学"，"大"代表着市场份额、话语权、竞争力；因为大更能获得媒体关注的，消费者的热捧以及资本的青睐。

中国企业一直在血拼一个方向———大企业、大品牌、大集团、大市场。中国企业在追求成为大企业的过程中一直在做加法：通行的加法是增加产品，增加市场覆盖率，扩大目标用户群体，以市场覆盖最大化实现品牌价值最大化。茶是一个高度分散的产业，小而美是品牌的基因，茶企成长的梦想很强烈，一直追求扩容——开发新业务，增加新产品，同样是加法逻辑，底层逻辑却完全不一样。

用户喝茶多元化，一天、一年、一生喝茶不同，比如一年喝茶的规律是"春花、夏绿、秋乌、冬红黑"，现代人又忙又懒，不喜欢做选择与判断，希望一个品牌提供一站式的喝茶解决方案，品牌必须做加法。

网络时代，人们开启圈子生存模式，圈子共情，一个人的喜欢就会引发一群人的狂欢。茶品牌做加法玩的是产品接触的深度而非覆盖的广度，让自己的用户喝更多好茶，而不覆盖更多的非用户！

三、一种加法，三个基本原则

加法看似简单，若品牌就像一个筐，什么都往里面装，那么结果只能是多而杂，产品延伸成了"窝里斗"，最终演变成一场灾难。要让产品产生协同效应，必须从三个原则出发，才能成为做加法的大赢家。

1. 发挥核心产品的影响力

做加法属于借势营销，也就是用已有品牌的影响力为新产品背书，以低成本快速进入用户的心智。品牌的本质是强者的游戏，如果品牌没有知名度，没有市场影响力，那么做加法就不是借势，而是分散资源。

品牌影响力建立在核心产品基础上，用户一般也是通过核心产品建立品牌认知。品牌做加法一是放大核心产品的优势，二是建立防御壁垒，因此打造核心产品是做加法的前提，也是构建品牌生态圈的基础。

在这一点上，茶业与其他行业一样，必须从核心产品开始延伸。现在，多数茶企没有打造出核心产品就"乱生孩子"做加法，结果"生一堆孩子"却缺乏资源培养，以致"孩子"营养不良，一堆战斗力不强的产品当然无法赢得市场。因此，先聚焦、再延伸才是茶品牌做加法的基本策略。

2. 品牌架构

通用的延伸理论认为，产品延伸的形成无外乎单一品牌和多品牌架构，但这个模式不适合茶。茶是原生产业，有农业和文化双重属性，其价值共享性和产业相关性比其他产业强，更有利于延伸，也注定其延伸更复杂。

茶品牌的通用模型有物种品牌、集群品牌、全域品牌、簇群品牌四种。每种模型的包容性差别很大，延伸各不相同，因此茶品牌必须顶层设计先行，架构确定了，品牌边界就确定了，加法的原则也就确定了。在边界内做加法能产生协同效应，而突破边界做加法，就是"窝里斗"。物种品牌只能做价格带加法，集群品牌只能做一个区域内的品类加法，全域品牌不能突破品类边界，簇群品牌可以实现全产业链覆盖。

3. 锁定用户玩深度

茶叶做加法搞产品延伸，其目标与经典营销理论是相悖的。经典营销理论是把1个产品卖给1万个人，做加法是再建一个赛道，覆盖另外1万个人。茶叶品牌营销的基本逻辑是把1万款茶卖给1个人，做加法的目标是玩深度。

茶叶品牌延伸锁定目标用户，满足用户"一站式"喝茶需求，在品牌价值的引领下，将价值解码成文化，用文化连接更多的产品和品类，让用户一生一世都有茶可选。

当然，茶品牌也能突破目标人群的限制，覆盖更多、更广泛的群体，只不过实施的不是产品延伸策略，而是品牌多元化策略，也就是本书第三章所讲的"超级品牌策略"或"簇群品牌策略"。

四、一种加法，三种不同做法

茶叶品牌产品延伸，目标是提升品牌时空总容量，满足用户"一站式"需求。茶叶品牌有不同的架构与模型，因此同一种产品做加法，有三种不同的做法。

1. 价格带延伸

价格带延伸是在同一个品类下建立完善的价格带，以满足用户场景化的喝茶需求。价格延伸是物种品牌、集群品牌、全域品牌和簇群品牌通用的加法模式。

用户喝茶的场景化趋势越来越显著，不同场景对茶的物性和承载的情感需求不同，所以价格有差别，情感有强弱。用户不喜欢做选择，希望用同一品牌兼具物性和情感的不同需求整体解决，茶品牌最基础的价格加法就此诞生。

茶叶的价格带可以分为入门级、舒适级、轻奢级、豪华级、奢侈级和超奢级六个层级，每个层级的物性、情感、买点各不相同，入门级的买点是价格，舒适级的买点是性价比，轻奢级的买点是品质体验，豪华级的买点是服务体验，奢侈级的买点是文化，超奢级的买点是稀缺，这就拉长了茶产品的纵深，让时空容量变得极大。

茶企一开始没有能力也没有实力做得这么细，必须在大脑中装入价格带思维，先卡住其中一两个点建立市场地位，然后再向上或向下拉长产业链。向上延伸,即增加产品的社会属性与情感价值,推动品牌成为一种信仰;向下延伸,即适度挤干品牌水分,满足用户物性这一基本需求,最终建成全价格链品牌。

价格带延伸的核心技巧是拉长产品线而非丰富某个价格点,不做水平方向上的价格延伸而是纵向延伸,即一个价格点上产品要少,价格选择空间要大,这样用户才不会陷入选择困境。

2. 品类延伸

品类延伸,就是覆盖多个茶类,用于集群品牌、全域品牌和簇群品牌。

中国人喝茶既有艺术还很讲究,一天、一年、一生喝茶各不相同,用户多茶类需求是刚性的,而茶品牌是从物性出发的,起点是物种品牌,因此从物种到集群甚至全域是茶品牌必走的路。

从一个品类延伸到多个品类甚至全品类,通过品类组合锁定用户终身需求,实现收益立体化、成本最低化,几乎是茶品牌通用的市场策略。

茶叶通用品牌结构已解决了相关性与价值共享性问题,因此没有其他延伸模式选择与论证的问题,只需要从品牌确定好的边界做加法即可。

从品牌模型上讲,集群品牌与全域品牌可以进行积极的品类延伸;从品类覆盖上讲,集群品牌只能覆盖主产区内的品类,全域品牌和簇群品牌可以实现全品类覆盖。

3. 品类突破

突破茶品类限制,将产品延伸到茶周边,打通全产业链,建立起茶生态圈,这是成就现象级茶企的途径,是茶企追求的理想境界,也是簇群品牌的专利。

茶是农业,是文化业,是华夏文化符号,茶文化的包容性与链接能力强。从茶这个有文化符号的产品出发,茶叶自然就连接到茶器,以器引茶增加仪式感,再以此连接到茶周边,最后升华为茶生活,一站式满足茶生活,建成生态圈。

五、生态圈，中国茶的未来

中国茶一直在努力延伸，成就品牌生态圈。这条路越来越清晰，越来越成熟。比如，竹叶青已走出簇群品牌的雏形；小罐茶已成为全域品牌的代表，并向全价值链品牌推进；中茶现在是簇群品牌的标杆，正向超级品牌演进。

未来，中国茶头部集群一定由超级品牌和簇群品牌引领。

第六章　数字化战略实践

移动互联时代，万物皆数据，开启数字经济时代，构建数字化战略，打造数字化品牌，用数字化提升企业竞争力，是智赢未来的关键。

第六章 数字化战略实践

第一节　开启数字化经营新时代

拥抱数字化，智赢信息时代！

移动互联时代，万物皆数据，宇宙即链接。茶要在信息时代的市场竞争中胜出，必须抓住数字化浪潮，启动数字化战略，除此之外，别无选择。

一、数字经济时代已到来

互联网风起云涌，席卷地球的每个角落，并泛化为基础设施，全面入侵人类工作与生活，重组全球要素资源，重塑全球经济结构，改变人们的消费行为方式，重构市场格局。

技术端：互联网的普及与迭代，聚合延伸出庞大的数字技术体系，大数据、人工智能、云计算、5G通信等数字技术已成为一种颠覆性力量，驱动产业数字化转型升级。数字技术不仅全面进入研发、设计、生产等环节，还参与生产流程的重组，通过柔性生产实现小批量、个性化定制，让产品既有个性，又有批量生产的成本优势，引发生产方式的变革。

经营端：企业战略决策、经营管理、销售系统建设、顾客服务、公共关系管理，全流程数字贯通，让曾经割裂的流程相互协同，降低成本，提升效率，实现价值最大化。

用户端：个人学习、消费购物、生活交友、信息获取、娱乐出行都以数字为基础，可以说离开了数字化，人们根本无法生活，个人已成为数字公民。

数字是个人生活的支点、产业升级的关键、企业运营的基础、构建现代化经济体系的重要引擎,也昭示着社会进入数字经济新时代。

二、数字,茶企营销工具而非基因

茶企不是在真空中经营,当然不会对市场变化与环境变化无感。对于数字化浪潮,茶从来就没有拒之门外,而是积极拥抱。

1. 建立数字化渠道

数字化浪潮带给茶产业最直观的感受是来自电商对销售的冲击。为了抓住销量从线下向线上平移的机会,茶开启了电商之旅,互联网上半场茶产业的主战场是平台电商(天猫、京东等),互联网下半场则增加了社交电商和私域电商。

2. 建立自媒体矩阵

数字化浪潮带给茶产业的另一个直观感受是互联网开启众媒时代,内容可以改变命运(建立IP,直播带货),开始搭建集微博、微信、视频、直播于一体的自流量池,走上泛媒体化之路。

茶产业拥抱数字的方式比较单一,数字技术的运用是战术级的,数字并未成为茶叶品牌的基因而是营销工具,这是由茶产业的特性和现状决定的。

茶产业是数字时代的迟到者,茶企多处在我国中西部的三、四线城市,信息接收不快,无论电商还是内容营销(自媒体体系建设)都要慢半拍,现在还有部分茶企未建立电商渠道;自媒体多是头部企业在玩,还未成为标配。

茶农业属性强,思想不太保守也不太开放,对前沿的数字技术、思想理念的理解与把握都相当有限。因此,让数字成为茶企基因,还有相当长的一段路要走。

多数茶企规模不大,硬件设施不好,软件设施也谈不上优越,工作环境对年轻人的吸引力不强。数字化的运用与实践主体是年轻人,茶产业的数字化先天不足,自然无法领会和全面实施数字化战略。

茶企拥抱数字化时间有先后,水平有高低,收获有差异。

三、数字化战略重建新世界

信息时代,数字已成为产业的引擎,茶对数字技术的运用也必须从工具升级到战略,将数字化作为茶叶品牌的基因,用数字化战略重构产业,重建企业核心竞争力,才能打破旧格局,建立新世界。

思维数字化:拥抱数字化,把握数字技术带来的产业变革机遇,关键在于思想,思想通则百通,才能走上数字化这条阳光大道。

产品数字化:以"传统物理产品+数字",建成"功能+内容+情感"的复合体,让产品拥有主动链接能力,增加功能与体验感,提升情感价值。产品是媒体,是链接入口,载着顾客的梦想一起飞。

建立链接力:互联网开启众媒时代,市场话语权易位,人们不愿意被动接受,而是通过搜索、分享、主动链接获取信息,企业必须建立一套内容体系,润物细无声地把用户包围,需要时及时出现,也不主动干扰用户,才能将品牌接入用户的现实生活。

打造圈子经济:数字经济时代,个体是商业的基本单元,品牌必须从个体出发,通过共情共振与个体建立的生活圈子保持高度同频,从而把一个人的喜好变成一个群体的狂欢,让品牌走上共识经济之路。

构建开放平台:信息时代,用户角色发生转变,他们拥有使用者、传播者、建言者等多种身份,生产者与消费者的界限模糊,企业必须由封闭走向开放,吸引用户全面参与品牌建设,建成一个互信、互爱、互益的平台。

建设数字闭环:数字化战略闭环是关键,数字化渠道是锁闭点,打破传统渠道的时空概念,与用户数字生活无缝对接,满足用户任意购,才能完善数字化闭环。

一场数字化战争早已拉开,数字化战略只有起点没有终点,茶产业必须一直在路上。

第二节 思维革命,走上数字化战略之路

思维数字化,战略升级转型步子大。

茶产业一直把数字当工具,拥抱数字,本想打破旧格局,建立新世

界，然而事与愿违：明明看到有生意，自己就是赚不到钱；明明清楚地听到机会的脚步声，自己就是抓不住。尽管很想搭上数字这趟顺风车，但是就算拼尽了力气，还是挤不上去，即使挤上车，多数还会晕车，分不清东西南北。

一、开放思维，做透明企业

互联网对企业最大的冲击是开放思维。

互联网以前的社会处于一元化精英媒体时代，信息不对称，强者单向输出并处于主导地位，可以操控甚至操纵弱势一方。此时，企业比较注重公关、广告技术的修炼，引领甚至控制用户，整个行业相对外界是封闭的。

互联网时代，自由分享与交流使信息变得对称，使世界变得透明，基本没有操纵与操控的空间。互联网本身就是一个猎奇的世界，有揭开任何遮盖还世界真相的能力。任何人或组织必须从封闭走向开放，学会做一个透明主体，这是互联网时代的生存基础。

开放思维是指企业必须改变观念，放弃一元思维，放下强者心态，降低身段，将用户作为企业的伙伴，放在平等地位进行沟通交流，这是数字化思想的元规则。

开放思维对茶企是一个很大的挑战。茶企的核心竞争力是对资源与技艺的独占，是一个封闭的系统，由于时间太久形成强大的路径依赖，唯一的解决之法是跳出行业看行业，跳出茶企看茶企。

二、用户思维，为用户而生

品牌本来就是用户的，必须用户说了算。互联网时代进一步将用户的影响力放大。互联网让精英让位，个体闪亮登场，普通人掌握了话语权，取得了市场主动地位，任何品牌必须关注用户，一切从用户出发。

茶企封闭时间太久，资源这碗饭吃的时间太长太香，眼中一直缺少用户；现在必须将眼光从茶园、茶山转向用户，以用户的眼睛看茶，以用户的嘴巴喝茶，以用户的心感受茶；才能理解用户为什么买茶、喝茶，才知道什么茶吸引用户,进而赢得未来。

用户思维先改变视角,认识到人不是统计学中的数字符号,而是有血、有肉、有丰富情感、有鲜明个性的个体,要进入他们的本真生活,从日常行为解读他们的内心世界,破译他们的情感与梦想,把用户看得清清楚楚、明明白白,这是所有商业的起点。

用户思维,须先明白用户借茶构建自己小世界的梦想。茶必须主动接入用户的生活场景,满足特定时间用户对茶的口感、汤色、滋味的具体要求,喝茶承载情感的高低,表达仪式感的强弱,让茶为用户而生,使茶成为用户的日常。

三、媒体思维,主动建链接

伴随互联网普及,个体崛起,人们开启专业化生存模式。消费上,用户必须借助专业的信息做出科学合理的决策与判断。任何品牌都必须建立一套数字化知识体系,用人们易接触和喜欢接受的方式,润物细无声地潜入用户心中,潜移默化地影响用户的购买决定。

移动互联网时代,处处是平台,人人是媒体。企业必须通过多个第三方平台创造具有自主知识产权的内容,聚合一个个粉尘化的媒体碎片,全域聚人气,为品牌积聚势能,构建众多流量入口。

信息时代,用户有多重身份——信息接收者、生产者、传播者;人们不再被动接收信息,而是主动搜寻、积极分享、广泛交流、热情互动,甚至进行再创造;企业必须整合行业、领域内的从业者、爱好者、关注者、用户共同创造,走向泛媒体化。

茶是农业,是文化业,天生有媒体基因。茶企必须引入媒体思维,走上泛媒体道路。未来只有一种茶企——媒体化茶企。

四、共创思维,建共享平台

移动互联网时代,市场话语权易位,消费者从"奴隶"变成主人。从此,品牌不再是控制和输出,目标也不再是全心全意为人民服务,而是把大家聚合在一起,成为协作者——帮助大家实现梦想,成为协调者——价值协调，共建社区，开启共治、共建模式。

茶企从控制者变成协调者必须是全面的，要从概念到体验，从特色到角色，从对话到文化——整个运营系统全面开放，让用户全面参与品牌建设，把品牌建成一个互信、互爱、互益的平台。

开放不仅仅是建言，更重要的是全程参与建造，只有从起点开始，让用户与产品融为一体，产品才能肩负起用户自我映射的重担，产品与用户梦想合二为一，让品牌与用户融为一体，这才是共创的魔力。

第三节　产品数字化，赢在起点

数字化战略之路要从产品起步。

茶产业要赢得未来，就必须打赢一场数字战争，产品数字化是数字化战略的支点。

一、产品，数字化战略的支点

互联网全球普及，如同阳光、空气和水一样渗透到各个领域，并演化成一种基础设施。互联网把一切变成数字，数字已成为产业的基因、经济的引擎，是人们生活中必不可少的工具。

企业数字化转型升级已无退路，别无选择。

企业必须全面拥抱数字，让数字渗透到企业运营流程的每个节点，用数字重树企业文化，重铸组织机制，重构商业模式，重造产品，重建运营体系，重塑顾客关系，重立市场地位，用一句话说："用数字让企业重获新生。"

企业数字化战略终极目标——企业与用户建立共生关系。产品是企业与用户交流的平台和核心界面，唯有产品才能把用户与企业连在一起，没有产品建立链接，企业与用户就是路人关系，企业无论做什么，用户没必要也不必关注！

用户借产品来构建数字生活，没有产品的数字化，用户就无感，企业的数字化战略就与用户无关，做什么都白搭。数字化战略必须从产品出发，产品数字化是数字化战略的支点。

二、产品数字化三大标准

产品数字化才刚开始。从诸多领先行业吸取经验教训，田友龙这厮得出了互联网创业的体会与心得，总结出产品数字化的三大标准，让茶企找到方向。

功能数字化。社会生活中，人们通过商品搭建自己的小世界，任何一个产品，都需要在物理功能外架构一套虚拟的数字化功能系统，满足用户在现实中构建数字生活的需求，未来任何一个产品必须是"物理+数字"的组合体，单纯物理意义上的产品将会消失。

链接数字化。数字世界中，人们一般通过社交、搜索、分享等主动链接获取信息做决策，任何商品都必须有一套数字信息链接系统，与用户无缝链接，否则就是自绝于用户，自取灭亡！

数字化入口。互联网下半场是智能时代，物联网成为大趋势，万物链接构成生态是必然，无论现实还是数字世界，孤立的产品很少，通过"产品+数字"建成一套链接系统，形成产业链接口，才能顺利接入生态系统之中。

三、"茶+数字"，复合产品打造法

数字化战略中，茶与众多产业一样时间紧、任务重，而且必须从产品数字化起步，需求更强烈，时间更迫切。

茶产区多在三、四线城市，茶的主销区多在一、二线城市，要消除时空间隔，与用户实现自由链接，茶必须增加链接系统；茶产业链很长，打通全产业建生态圈是发展的目标，唯有加上数字才能在全产业各节点预留接口，畅通链接；茶品种物性丰富，冲泡有艺术，品饮有仪式，"茶+数字"才能把复杂的茶变简单，使用户接触茶、理解茶、喝对茶，从而获得用户的喜爱。

数字化已成为茶叶的基本组成部分，也是茶产品的核心竞争力。茶有文化属性和社交属性，基因与数字化是同频的，能快速与数字融合，重构产品以适应数字生活。

1. 内容数字化，与用户零距离

数字时代，任何产品都是"产品+内容"的组合体，都需要建设一套链接系统，让商流与信息流畅通，实现与用户零距离，让用户自然亲近。

中国茶是农业，更是文化业，富集的知识、独有的产业特性决定了其链接任务与众不同。茶的内容系统目标是让人们快速认知茶、理解茶、选对茶、买好茶、喝好茶、存好茶，通过数字化让产品流和信息流与用户精准链接，使用户动动手指就可以把茶看清楚、搞明白，这样茶才能在互联网世界畅通无阻。

茶的内容系统十分庞大，大体分为五层：第一层是物理基础层，含产区、物种、技艺等基本内容，让用户认识茶；第二层是物性功能层，含树叶的汤色、滋味、香气、口感与体感，让用户理解茶；第三层是精神层，含这款茶代表的价值主张和生活态度，让用户选对茶；第四层是产品信息，含产品介绍、产品检测报告、企业资质信息、真伪验证，让用户买好茶；第五层是售后等，即产品冲泡技巧与储存技巧，让用户喝好茶。

茶非刚需，普通用户不会记在大脑中。茶企要让产品信息充满网络，与用户自由链接，能否有效并快速地为用户提供买茶、喝茶解决方案是成败的关键，链接系统是决定茶叶品牌成败的胜负手。

2. 形象数字化，激活产品灵魂

茶从来就不只是一片简单的树叶，也不仅是一种天然健康的饮品，其社会属性也是相当重要的；用户喝茶是以茶为媒的生活，是通过茶的物性给用户带来精神层面的满足，将用户从现实带入虚拟精神世界，使其在另一个世界找到自己，让自己趋向幸福，这在营销上叫"产品角色塑造"。

21世纪，信息超载，用户对任何内容的注意力都不会太持久，内容是拿来忘记的，也容易被忘记，唯有内容代表的角色会让人记住，因此塑造角色就成为茶叶品牌建设重要而紧急的任务。

用户的角色感知不仅仅来自喝茶的瞬间，更多的是在网络冲浪中细水长流地感知，要让茶走上角色塑造之路，同时踏上角色数字化的旅途。

角色塑造本身就是个专业活，难度大，加之茶产业缺少用户观，其原本也不注重角色塑造，角色数字化基本是空白。茶要成为数字经济大赢家，必须基于现有条件，利用手边的工具，同时启动角色塑造和角色数字化的工作。角色塑造是技术活，也是艺术活，虽然难但是有规律可循，读者可参考本书第四章第三节"立人设，完善定位系统"的内容，轻松创造一个经典的数字化形象。

3. 嵌入数字功能，拉长价值链

茶是一个独特的产品，由于它只是半成品，完美的产品体验需要诸多后续环节激发。激发体验的环节有技术和艺术双重难度，一直不好解决。茶的周边产品还有很多，与茶协同能提升其产品的体验感，而如何协同也一直未能得到很好解决。茶叶数字化必须向前一步，用数字技术解决茶不好解决的问题。

"茶叶+应用程序"：将茶产品形成"硬件（物理层面的树叶）+软件（应用程序）"的组合，让茶从传统的物理属性升级为信息互联属性。这样做，第一可以完美融合茶本身承载的内容体系；第二可以解决用户对茶千人千面的操作，通过数字化提升茶叶冲泡的专业度等，提升茶的体验感；第三可以建成从茶园、茶杯到茶生活的新生态，拉长茶产业价值链。

"茶叶+智能配件"：让茶产业联通物联网，构建起一个随时随地满足用户个性化需求的"智能宫殿"，敏锐地捕捉用户的使用习惯，主动匹配不同场景下用户的喝茶需求，主动提醒用户进行茶叶仓储管理，主动提示冲泡流程及技巧，让用户真正感受茶的魅力。

茶叶智能化不是神话。智能设备早已不是什么黑科技，"产品+芯片+App"的智能化之旅在很多行业已大行其道。虽然茶产业开启数字经济模式比较晚，但茶是关注度和参与度"双高"的产品，其价值相对较高，可以预测，未来的茶特别是高端茶一定是智能茶。

4. 体验数字化，提升参与感

有的用户对茶高度热爱，不仅要喝，还要溯源，从茶杯逆向追溯到茶园，希望每个环节都参与，无遗漏地感受茶之魅力。

茶的体验不是一个动作，而是一个复杂而庞大的体系；更重要的是，这种体验还有难易之分，汤色、香气、口感等基础体验十分容易，以产品为道具，以服务为舞台，以场景为剧情，给感官创造诗一样的体验。产业后端制茶等体验难度大、成本高，还有风险，难以实现。比如，制茶体验需要技术支撑，成本高，还有风险。

用户全产业链体验的热情如何得到满足？

茶企采用"茶+数字设备"策略，运用智能设备、可穿戴设备和虚拟现实、增强现实等数字化技术，构建从茶园到茶杯的全链虚拟体验，提升用户的参与感与获得感，让用户通过数字世界体验茶的魅力。

第四节　打造 IP，构建超级链接力

数字经济时代链接定成败！

互联网把一切变成数字，万物皆链接，链接力成为数字世界的根本逻辑，是一个企业在数字世界中生存的基本能力。

一、链接力是数字经济第一原理

数字世界中，媒体碎片化了，信息爆炸了，用户行为发生了根本性改变，每个人都能发声提升自己的影响力。市场话语权易位，人们不愿意被动接受，而是通过搜索、分享、主动连接获取信息并作出决定。

品牌开启数字化战略，就是建立一套内容体系，润物细无声地将用户包围，与用户 24 小时无缝衔接，潜移默化地影响用户的购买决定，将品牌接入用户生活。链接力是数字经济的引擎。

茶的链接更复杂些。茶非刚需，普通用户一般只会采用"外脑储存"，链接系统与能力就显得十分重要。茶内容丰富，用户将茶信息分为认识茶、理解茶、买对茶、喝好茶四个层次，茶的链接体系构建系统更复杂，体量更庞大，内容更专业，节点更丰富。

知识富集的茶构建外脑决策模型，是一个四层的链接体系：

第一层，便于主动搜索，通过 SEO 体系，让用户认识茶；第二层，便于分享的社交体系，基于微博、微信建立分享知识系统，让用户理解茶；第三层，便于决策的分发体系，基于抖音等新媒体引导流量，主要解决买对茶的问题；第四层，便于购买的泛流量体系，主要解决喝好茶的问题，企业将基于第三方平台，聚合用户与渠道，共同创造内容，形成泛流量体系。

茶不是一种简单的商品，而是一种社会化对话语言，仅有内容与流量，则链接力是很弱的。茶企必须用立体知识体系对全网进行覆盖，并承载丰富的情感（茶体现生活态度），凝聚丰富的情感精神价值（茶代表价值审美），输出价值点，建立信息原点，茶成为入口，才能构建起茶强大的链接力。

二、茶叶的链接力，从 IP 出发

21 世纪，人类跑步进入信息社会，人们开始借助社交工具，将五湖四海、志同道合的朋友聚在一起，治愈内心的孤独与寂寞，开启圈子生存新模式。

朋友圈是一种强关系，大家相互信任，其影响力无处不在，小到日常生活用品，如一瓶擦脸油，大到决定国家走向的大事，如美国总统选举，圈子都成为一种决定性的力量。

互联网时代信息"去中心化"，入口很分散，信息验证与验伪成本都很高，用户不再单纯搜索获取信息，而是更关注人际关系和圈层传播，靠谱的朋友之间的"转发"和分享成为信息获取和消费的主要方式，开启了社交模式。

茶是华夏文明的符号，本来就是社交工具。从茶诞生之日起至今，茶一直是社交场合中的一种"黏合剂"。"千秋大业一壶茶"，这是对茶叶社交属性最完美的描述。用社交方式重建茶与用户的链接也就顺理成章了。

用社交模式重建茶与用户的链接，就是以内容为抓手，运用价值吸引用户，因同频共振而相互认同，建立起任信关系，这种独特的可挖掘用户长期价值的链接体系叫 IP。

茶的社会属性一直大于其商品属性。茶产业知识富集，自带流量，更饱含思想和价值，是一个独立的文化体系，还是一种审美、一种生活哲学，本身就是一个大 IP；茶不仅可以对用户无差别覆盖，还可以接入用户生活场景，自然获得用户认同与点赞，这样就能与用户同行，既能赢在当下，也能抢占未来。

三、三大原则、四大方法打造 IP

茶本身是 IP，但并不意味着茶可以成为 IP 大赢家。IP 是数字时代链接的新方法，不仅需要内容承载价值，还要讲方法。IP 的基础是内容。IP 内容遵循"一九原理"，即只有 10% 的内容能获得关注。通过内容凝聚梦想，传递价值，解决问题，才能塑造 IP。要建成茶叶 IP，必须在实践中遵守三大原则，运用四大方法。

1. 三大原则，IP 指南针

打造 IP 是一场硬仗，更是一场巧仗，需要顶层设计。顶层设计就是找到打造 IP 的理由，指引前进的方向，制定 IP 的原则，让 IP 走在正确的道路上。当前，营销领域 IP 泛化，内涵和外延都在扩展，但万变不离其宗，IP 的三个内核，即三个原则一直未变。

原则一：价值观。

价值观是 IP 的旗帜，是内容之纲，只有纲举才能目张。价值观让内容有灵魂有人性，这样供给的内容才具有极强的凝聚力和链接能力，才能吸引"志同道合"的用户，形成圈层，构建有信仰的社群体系，IP 才有永续的生命力。

原则二：原创。

IP 必须是具有自主知识产权的智力劳动成果。茶做内容建 IP，必须坚持原创，建成独立自主的知识体系，这是茶叶 IP 建立的关键。

质量。IP 获得关注重质量而非数量，既要关注短时间的流量，更要关注长时间的影响力，必须与标题党说再见，更不能走复制、粘贴路线，要坚持原创驱动，用智力自力更生，创造最好的自己。

真实。IP 的内容必须是真实的，必须做老实人，办老实事，说老实话，用事实说话，摆事实讲道理，让用户认识真茶，喝真茶。这样用户才能理解你，接受你，与你建立起信任关系。

持续。内容消费有"快衰定理"——来得快去得也快。必须持续地进行内容输出才能形成记忆。创作是一件难事，持续创作更是难上加难，谁都会说两个金句，但不是每个人都写得出一篇精妙的文章。茶虽说内容丰富，但仍有其边界，在一个领域内连续创作，谁都容易审美疲劳。

原则三：相关。

IP 建立链接的最终目标是变现，但 IP 拒绝赤裸裸的商业，IP 的内容有一套必须遵循的逻辑——内容对准目标人群，连续输出价值，与用户建立信任关系，让购买自然发生。

内容可以宽泛，场景可以有个性，推动内容导向必须清楚，要锁定品牌目标，将理念融入故事，将故事融入剧情，将品牌融入内容，传播便会一气呵成。强大、连续、完整的内容能让用户清晰地识别并唤起联想，最终建立信任形成消费，这才是 IP 建立的最终目标。

2. 四大方法，头部内容智造 IP

打造 IP 做内容，打的是持久战，需要苦干；做内容，技术含量是相当高的，更需要巧干。让内容成为"一九"之一，对用户有吸引力，更有黏性，有专业、丰富、创新、参与四大方法。

（1）专业：有效解决识茶与喝茶问题

IP 内容必须有可读性，并能为用户解决问题。实用内容都是建立在专业基础上的，也就是说，IP 内容的逻辑是专业，成为茶专家，是打造 IP 构建超级链接力的基础。

超级碎片时代，说中国茶必须从一个细小板块切入，把这一板块看透，研究深，讲绝，成为权威。唯有权威才能成为意见领袖，唯有意见领袖才有强大的链接力，才能建立起用户圈子。

中国茶历史悠久，知识丰富，技术体系庞大，对专业的需求十分强烈。建立起系统知识体系，可以让人们了解茶，理解茶，买对茶，喝好茶，IP 自然也就建立起来了。

（2）丰富：内容形式多样化，审美不疲劳

IP 内容讲专业，专注于某一细小板块（某类茶）、细小领域（某种茶），无论对于创作者还是阅读者来说，都容易产生审美疲劳。解决的办法是要用丰富多彩的形式体现茶的魅力。茶 IP 内容也起步于"小"，但知识丰富，表现形式多样，能获得持续的影响力和黏性。

茶产业链很长，可以向上下左右连接成生态，如从一种茶到多种茶形成生态价值链，从茶到茶生活建立形散而神不散的生态圈。生态圈聚集丰富的内容，吸引力强，用户审美不疲劳。

（3）创新：形式时尚，快悦读

茶内容必须与时俱进，IP 具有"普世价值"，也代表消费主义，消费主义表现的是流行文化，其本身就是变化和发展的。

茶是经典文化，但往往给人以老化之感。历史上的茶文化走阳春白雪路线，信息时代却是普通人的世界，因此将茶文化以雅俗共赏的形式进行创新是当务之急。

移动互联网时代，用户最大的特点是碎片化阅读，因此对于头部信息来说，内容与形式同等重要。关于什么样的形式才能满足用户随时随地快速阅读的习惯，可参见本书第二章第四节"专业主义，推动茶企泛媒体化"。

（4）参与：用户参与，共建价值

IP 是一个有身份认同的亚文化社区，是大家共同创建的，因此参与感是必要条件之一。IP 内容是建立在价值观基础上的，价值观不是单向输出，而是双向自由流动的。

IP 内容是由意见领袖引导，和用户一起创造，大家共同扩散，最后开花结果。如何让用户参与？内容创造就要场景化、故事化、细节化、戏剧化，让用户有身临其境之感，自动卷入其中，自动点赞、转发和创造。

第五节　共识品牌，数字经济新风向

数字经济新模式——品牌即共识。

数字经济背景下，宇宙即数据，万物皆链接。品牌与用户建立高质量的链接，是数字经济时代营销制胜的关键。

数字时代，行为即内容，内容即触点，触点即链接。打造品牌要把与用户接触的每个触点都生成有链接能力的内容，以此形成认知，把认知持久化、扩大化，使之成为社会共识，品牌也就建成了，也就是品牌即共识。

一、社交时代，共识世界已到来

共识就是大家共同的认识，大家共同认为好的东西，才更有价值，这就是共识的力量。

人类一直在追求共识，共识是一切的基础，它可以将品牌挂在用户心智的钩子上，让交易快速达成，实现品牌变现。

共识还是一件难以达成的事，原因有以下四点：其一，人类的价值观是多元的，调和起来十分困难；其二，社会文化叙事系统是直线型的，输出方式单一，输出内容较单薄，不丰富且兼容性差；其三，精英媒体时代，沟通工具不多，沟通方式单一，求同十分困难；其四，熵增效应的作用，人越多，复杂度就越高，见解、看法、意见进行充分碰撞形成社会公约数的难度就越大。达成共识难度大，冲突多，长此以往，社会终究会动用暴力解决争端。

现在这一切都翻篇了。互联网消除了时空间隔和守门人制度，各种思想在全球自由流动，经过充分碰撞，沉淀出一体多元的包容性价值体系。人们的知识体系更加丰富，获得的信息更加对称，看问题的角度更加多元，偏见与偏差随之减少，从而更接近真相，冲突大大减少。与此同时，沟通方式更加多样、便捷，人们在沟通中具有更强的同理心，互相尊重、互相理解，人类社会因此形成了最大公约数。人与人的共识建立由难变易，而且成本降低，用共识建立和谐社会成为全球主旋律。

二、茶，领先 N 步达成共识

共识成就了世界文明，共识力之强大远远超出人们的想象。一个品牌如果能用某种社会认知建立起共识，就自带流量与势能，自然能获得用户点赞。

创品牌建立大众共识，大家一缺方向感，二缺方法论，很多努力不得不面对话不投机半句多的尴尬；茶却领先 N 步，早就达成了共识。

中国茶知识富集，内涵十分丰富，经过漫长的历史沉淀，与生产和生活完美融合，形成完整的体系，成为华夏文明的符号，无论是在诗词歌赋中出现，还是以俗语俚语表达，体现的都是东方文明和谐之道。茶是中国人刻在骨子里的文化。

中国茶自诞生之日起就承担了作为饮品之外的责任，以茶待客、以茶会友、以茶联谊、以茶示礼等多种形式让茶承担起社交使命。茶是十分流行并广为接受的社交工具。

用户喝茶看似是喜欢那片树叶带来的汤色、滋味，其实是将茶作为载体，体现的是个体生活态度和东方生活美学。茶是大家共同推崇的东方哲学符号。

茶已建成大众共识，与信息时代共识经济的理念同频共振。用共识重构品牌，数字经济时代的茶叶必借助这个理念再出发。

三、引领共识经济新时代

中国茶知识丰富，找到共识并不难，但知识承载情感难以产生共情，更难引发共鸣，心灵共振概率更小，有共识却无经济，这让茶有点尴尬。

伴随着社交软件的兴起，人群被分割成无数个小圈子，这些小圈子里有自我认同，因为共识所以产生共情，因为共情共振，一个人的喜好就变成了圈子的狂欢，这就是共识经济的基本逻辑。

中国茶要将已建成的大众共识变成经济，必须打社交牌建圈子。茶社交属性与生俱来，运用现代社交工具，主动链接人们借茶折射出的自我意识与价值，就能达成共识，茶与人共情共振，茶就能从一种饮品升华为一种生活信仰，引领共识经济新时代。

1. 自驱力，共识品牌原动力

共识品牌是建立在圈子基础上的，而网络时代圈子的基本状态是对外封闭对内开放，曾经我们运用得炉火纯青的输入法被屏蔽，只能从内找突破口。圈子是一个自组织，是一群人自发自愿自动连接成的一个精神共同体。自动自发是圈子的原动力（也叫"自驱力"），破译了这个密码，品牌就能与用户达成共识，从而因共情共振让购买自然发生。

解决之道是从圈子溯源，圈子是从个体出发的，这里的个体不是数字单位，而是社交语境中的意见领袖，也就是超级个体。茶圈子的形成是借助社会化媒体用一杯茶表达出情感、思想、人生哲学，让大家借一杯茶发现自己的人生观与价值观，借茶唤醒沉睡或沉默中的自己。茶圈子的同频共振就是共识，也是自驱力的源头活水。

茶圈子是人与人的链接，建立在"一对一"的基础上，结构为网状，遵守"四大定律"。第一是自愿，说茶、喝茶，来者自由、去者自愿，无强迫，无压力。第二是真诚，真心诚意，投入真实情感，说真茶、喝真茶，形成认同。第三是平等，茶友之间亲近，身份认同，精神共鸣，行动上互相尊重。第四是互动，品茶论道，相互学习、相互启发、相互影响。"四大定律"让茶圈有温度，有情感，有吸引力，激励大家主动参与，放大自驱力，连接更多志同道合的人，让圈子不断扩容，让茶品牌走上扩容之路。

2. 仪式感，共识品牌之魂

共识品牌是圈子的狂欢。不同的圈子在互联网时代面临共同的问题——审美疲劳。圈子是以价值连接的，构建的是精神共同体，但日复一日，年复一年，单调重复，再强大的精神力量也会被侵蚀掉，变得毫无激情，变成一潭死水，失去吸引力。

圈子如何才能走出困境？答曰：营造仪式感。

仪式感就是采用某种重要的形式或情感注入，把单调普通的事情变得不一样。生活中的仪式感无处不在，圈子中的仪式感也必不可少。仪式感不仅是一种形式，而且是一种文化认同，虽然没有制度性的约束力，却有诛心之力，通过仪式感制定软规则，让圈子运营健康有序。圈子是自组织，来者自由、去者自愿，说起来容易做起来却并不简单。仪式感就是门槛和入场券，界定圈子的边界，奠定运行的基础。

仪式感是圈子的调味品，是品牌的灵魂。仪式感为圈子植入诗意，让圈子生动、有趣、鲜活。品牌是圈子的映射，是价值与情感的载体，自然也需要仪式感。

品牌的仪式感从哪里来？从消费行为中来。用户喝茶场景化，喝茶场景下不仅有独特的动作，还被赋予情绪与情感，获得超脱于产品之外的满足感。茶冲泡是技术，体验是艺术，从备具、洁具到赏茶、投茶、冲泡、奉茶、品饮，每一步都加入了艺术成分，增加了品鉴过程的美感，体现出一种仪式感，极大地增强了茶的魅力。

3. 共生长，共识品牌的未来

共识品牌是新生事物，只有一个模糊的方向感，并无必胜的方法论，大家都在边干边学。互联网时代速度制胜，一切都在跑步前进，共识品牌赢在当下的问题还没解决，又面临一个新麻烦，即如何引领未来。

共识品牌的基础是社交圈子，这是一个自发组织，一旦控制它，就变成单向输出了，大家不会买账；如果让其自由发展，就会乱成一锅粥，可谓剪不断理还乱。圈子当然也有规矩，不是管控，而是符合价值观的行动和习惯；大家相互认同、相互理解、相互影响、相互启示，最后固化升华成一种亚文化；这是圈子成立的基石，也是共识品牌建立的基石。

茶将共识变经济的基本路径为，价值建立共识—共识产生共情—共情引发共鸣—采取行动说茶、喝茶。价值（生活哲学）是永恒不变的，共识必须将价值解码成形式与内容，这需要与时俱进。茶圈子以归属感（茶人身份认同感）激发参与感，激活创造力，鼓励创新价值表达形式，让价值观旧貌换新颜，也让品牌老树开新花，推动品牌更新。

共识品牌从个体出发，个体缺乏激励机制，容易丧失激情与前进的动力。在社交圈子中，个体前进的动力来自社交的自助激励——圈子的信任。在社交圈子中，个体只要努力发声，传递有用的信息和价值，就能获得强大的链接力，让其在圈子中自然浮出并获得认同，获得社交货币——信任。信任是社交最大的价值回报，激励大家将精力投入圈子，激发大家更多地说茶、交流茶，获得更多的链接和触点，让自己在圈子中有更多的展现机会，累积更多的社交货币（信任）。自助激励是社交圈中推动个体成长的动力，也是共识品牌前进的加油站，能让品牌保持鲜活，一路向前，创造未来。

第六节　平台化，建设品牌新生态

未来世界的发展趋势是"去中心化"，组织平台化。

互联网将中心解构成碎片甚至粉尘，无中心的世界变得复杂，而且更加多变、快变。

企业要感知市场变化，必须快速反应，灵活应对，敏捷行动，以双边或多边主体重建网络化协同机制，驱动组织"去中心化""去权威性""去科层化"，向网络化平台化转型。

一、平台化，组织新规则

企业平台化，不是赶时髦用文字包装概念，而是互联网全面融入商业的必然结果。互联网成为基础设施，一切关系都在解构与重组。

1. 社会形态

互联网消除了时空间隔，让万物皆可以连接，因信息对称让社会变得透明，世界上已不存在封闭的孤岛，所有个体都主动与世间万物连接，还必须学会透明化生存，无边界透明将成为社会常态。

2. 生产方式

科技日新月异，云计算、大数据、人工智能、智能终端等新技术、新材料快速普及并成为新的基础设施，含数字基因的新技术本来就无边界，而且有很强的融合能力，能串联更多外部资源，必将建立协作生产生态模式。

3. 市场竞争

未来的市场竞争不是企业与企业的竞争，而是产业链的竞争，任何企业都必须努力"去边界"，打通产业链上各环节，协同产业上下游共同变革升级形成合力，共同进行价值创造，建立竞争优势。

4. 用户模式

21世纪，消费者崛起，自我意识觉醒，人们有独特的主张和见解，有表达的愿望与能力，人们拒绝被动接受，希望主动参与，用户角色发生转变，拥有使用者、传播者、建言者等多种身份，生产者与消费者的界限模糊，企业打开边界与用户融合成共生共荣的整体已成为不可逆的趋势。

平台化是数字经济底层逻辑，是组织构建的基本原则，各行各业都在积极拥抱平台化，平台时代已经到来。

二、企业平台构建三部曲

平台化建设对茶来说难度很大，因为茶是传统产业，是一个自成一派的半封闭系统，文化悠久，惯性造成茶企业在经营上不太开放，对新思想新事物接受不快，平台化理念又是最前沿的思想，茶企理解接受有一个过程，自然落在了后面。

推动组织平台化是一条不得不走的路，必须马上出发，唯有采用小步快跑的策略，边干边学；只需要三步即可推动组织向平台化迈进，建成品牌生态圈。

1. 开放组织，建立共同体

茶企组织曾经是封闭的，品牌是单向输出的。信息时代是用户主权时代，人们不再被动接受，而是主动参与，企业必须因用户而变，千方百计地开放自己，打开组织边界接纳用户共建共享，建成用户共同体。从输出产品向建立品牌部落转变，真正让用户参与，把用户的梦想植入产品，让品牌表达兴趣爱好，承载生活价值，使之成为一种信仰，从而建成品牌部落。

开放组织，首先必须改变观念，放弃一元化思维，放下单向输出的沟通方法，建立双向沟通机制；放下强者心态，降低身段，不要试图去控制用户，要用透明的经营思想和真诚感动用户；放弃生产者与用户分离观念，重建一家人一体化的新模式。

组织开放，要从顾客关系做起。品牌不再高高在上，也不再拒人于千里之外，而是先"走出去"，走进顾客的生活，感受他们的真实生活状态和场景下对茶的认知与需求；再把顾客"请进来"，顾客不再是局外人，而是作为企业的一部分，真正纳入品牌建设和组织建设，开启共建共享模式。

组织开放，目标是共创未来，必须行动协调。从概念到体验，从特色到角色，从对话到文化——全开放透明，让用户全面参与品牌建设，把品牌建成一个互信、互爱、互益的平台。这样大家才能拧成一股绳，心往一处想，劲往一处使，共同创造美好的未来。

2. 发现价值，共建茶生活社区

茶的神奇之处在于一片树叶能承载饮者的梦想，是饮者的自我映射。正是茶的社会性与人文价值使茶流传千百年。

茶叶品牌一直在创造区隔性的价值符号——告诉用户是什么茶，有什么含义，代表什么身份，传达什么情感，对用户多么重要，但一直是单向输出，老是打用户钱包的主意，效果相当不乐观。

新时代的共识经济主张在商不言商，运用社交共识建立共情价值，让茶少点商业味，多点人情味。这样茶才能触动用户心中那方寸之地，成为用户日常生活的一部分。建立共情价值要分发现价值、维护价值、放大价值三步走。

第一步：发现价值。寻找超级个体（意见领袖），深入用户本真生活，从生活场景中体验其喝茶时的语言行为，发现其想表达和隐藏的精神，找到茶代表的审美与生活态度。

第二步：维护价值。把分散的、从生活中喝茶折射出来的精神进行升华凝固，创立一套文化体系，用一种生活化的、亲近用户的言语来表达。

第三步：放大价值。以价值连接内容，以内容吸引喜欢茶的用户，形成喝茶、说茶的圈子。

价值是一种思想，用户对价值的感知因人而异，所以必须将价值分解，让用户能够真切地体验价值。可以从四个方面落地：一是如何让用户认识茶，二是如何让用户理解茶，三是如何让用户更好地体验茶；四是如何将茶融入生活。要将价值分解成可以感知、体验的内容，以此链接用户，形成茶圈子，多个茶圈子叠加，成为有信仰的社群，进而建成茶生活社区。

3. 共创产品，重塑关系

平台化组织最终要建设的是品牌生态圈，让茶成为用户的信仰，品牌生态圈的基础支撑点是产品。

茶企有好茶，物种稀缺，技艺独特，口感讨喜。茶企缺好产品，拼命吆喝说茶好，但用户一直是不冷、不热、不感冒。很多时候，茶企眼中的好茶与用户心中的好产品并不同频，甚至错位。

品牌本来就是为用户服务的，必须用户说了算。信息时代，用户是建言者和生产者，他们不仅希望将梦想全面植入产品，还希望全程参与见证其诞生的过程，这就要求必须以重构产品制造流程，与用户共创产品。

（1）用户参与建言。向用户开放创意、设计、制造等全环节，通过各种话题不断激发其参与讨论，广泛听取他们的意见，了解他们对茶的认知、功能需求、情绪表达，才能把他们的梦想植入茶叶中。

（2）用户参与建造。让人们提出标准，让他们进行验收，自己创造满足自己需求的茶叶。建造不仅要在工厂里，更重要的是找到场景化下的茶组合方式，将多样化喝茶需求解码到一个特定的空间，高效精准地形成映射，快速、动态地进行组合。茶集物性、情感、仪式感于一体，将茶主动接入用户生活场景，使其从饮品升华为一种信仰。

共创产品是决胜开端的品牌新思想，茶与顾客梦想合二为一，这样的茶自带流量和势能，实现自传播，这便是共创的魔力。

第七节　渠道数字化，构建营销闭环

品牌数字化，渠道是闭环锁点。

品牌数字化，不是简单的物性品牌与数字功能的结合，而是将数字化渗透到用户与品牌接触的第一个节点，实现营销闭环。渠道数字化是数字化营销闭环的最后一个节点，也就是闭环锁点。

一、数字生活，数字化营销建闭环

渠道与品牌是一对欢喜冤家，从来都是"相爱相杀"。

"相爱"，即品牌让人乐于买，渠道让人买得到，二者相辅相成，谁也离不开谁，二者相得益彰。"相杀"，即店大欺客，客大欺店，品牌与渠道一直在博弈，在磕磕碰碰中前进。

曾经，市场营销的逻辑是，渠道搭台，品牌唱戏，消费者买单。品牌与渠道是一条产业链上的独立利益体，因此才有既合作又博弈的关系。

伴随着互联网的普及，人类变成数字公民，数字化生活必须借助商品完成，商品必须运用数字技术让用户工作与生活更便捷、更高效。这里的高效不仅体现在使用上，而且体现在用户与产品接触的每个界面和节点，最后形成数字化闭环。

数字化生活背景下，广域的空间被打破，线性的时间被解构；曾经在同一空间做的事，现在分解在不同空间，曾经时间是大块的，现在变成碎片，很多事情无法在同一时间、同一空间完成，多个节点异时空分布成常态。

品牌面临的一个新情况是，曾经在同一渠道、同一时间完成的交易行为被分解为信息、体验、决策、下单、付款、收货、售后等若干个节点。这些节点非连续性分布，时间错位、空间异度，唯有数字技术才能串联出完整、顺畅的流程。曾经渠道游离于品牌之外，功能单一，根本不可能打通数字链，这就驱使品牌必须建立一套数字化技术，将游离于品牌体系外的渠道融入品牌体系，满足用户因数字生活解构后的任意购，建成数字化营销闭环。

二、无边界，数字营销的渠道模式

渠道数字化并不是"渠道+数字"那么简单，而是"渠道革命"。

渠道大体可以分成两类：一类是线上渠道，连接能力强，全域覆盖，产品承载力强，有消除时空距离的能力，但体验感差，服务弱；另一类是线下渠道，服务好，仪式感强，能带给人们良好的体验，但覆盖与承载能力差，受时空限制大。

线上、线下渠道都有巨大的价值，但都无法提供全价值服务，唯有线上、线下融合，才能承接用户将购买分解成信息、体验、决策、下单、付款、收货、售后等若干个节点的行为，并实现线下自由滑动，完成交易。

线上、线下融合不是简单的加法，而是渠道重构，用以人为中心取代以商品为中心，以时间价值全天候与顾客发生链接，随时随地满足用户"任性购"，推动渠道走向"无边界"；多屏与线下渠道有机融合，整合空间价值和时间价值，实现用户综合价值最大化；实现交易节点自流滑动，实现购买愉悦化；渠道成为品牌与用户链接的核心界面，承载价值，传递思想，建立品牌与顾客的信任关系，渠道成为品牌的一部分。这才是真正的数字营销。

三、四步，茶叶走进无边界新时代

茶叶是一种高关注度、高参与度的产业，十分注重体验感，茶叶的体验不仅仅是对茶物性的体验，更注重场景和仪式，还带着社交功能。茶叶的渠道功能多、任务重，一般人还真玩不转，这也是中国茶产业十分流行自建渠道的原因。

茶产业渠道本身不强，全域数字化营销又是个技术活，建成无边界满足用户任意购买又能承载品牌价值的数字化渠道，是一个巨大的挑战。挑战就意味着机会，四步走上并走好数字化之路，让渠道成为品牌的加速器，引领品牌走向市场，走进用户的心。

1. 渠道社交化，茶连接起生活空间

茶本来就是社交工具，喝茶就是以茶为媒的生活，以此聚起五湖四海志同道合的茶友共享茶生活。因此，茶渠道必须追求以人为中心，人因社交而连接，渠道成为群体的聚集地。

中国人天生就有将好东西分享给朋友的习惯。互联网时代，顾客有丰富的表达渠道，如微博、微信、抖音等，加上社交货币（信任）的作用，分享即获得，因而建立了全新的交易模型。

曾经渠道讲究决胜终端，当下决胜社交。渠道社交化加上社交媒体，加强了主动链接能力，更重要的是把渠道由交易空间变成了社交空间，让用户在这里成为心理邻居，购物如串门，在全新的生活空间里让大家获得全新的体验与满足。

2. 渠道场景化，提升茶叶新体验

无边界渠道是便捷与服务共生，不仅要链接自由化，任性购，更要在每个节点给顾客提供最佳体验，实现愉悦购买。

茶叶体验是场景式的，让消费者在生活场景中体验产品，一直是茶叶品牌的追求。但茶要实现这个目标心有余而力不足，因为体验多在线下，受时空限制，而且面临成本压力。运用数字技术，建立"数字+实体"体验的二维系统，将不可能变为可能，让渠道成为一个集产品空间、情绪空间、生活空间于一体的生活方式表达场景，对用户产生磁石效应，就能终身锁定用户。

3. 渠道媒体化，传播茶的核心价值

茶的新定义是用户的映射。茶叶的价值主张必须借助渠道表达。信息时代，渠道有一个新的使命，不是简单的售卖，而是生活方式的表达。渠道必须借助一系列工具，聚合内容借助合适的媒体，精准触达目标消费者，让消费者接受、意会，渠道也就走上了媒体之路。

渠道媒体化是主动链接策略，是茶产品知识价值和服务信息与流程节点一一对应的策略，牢牢抓住与消费者产生碰撞的每个节点，把以时间为价值的核心体验表达得淋漓尽致。这样才能与消费者心灵共振，让购买自动自发。

4. 渠道智能化，赢在未来

无边界的渠道不仅是一个满足消费体验的场所，也是一个社交空间，还是一个天然真实的数据库源头，特别是以场景思维形成的链接，不仅有完整的买茶决策链条，顾客喝茶的情绪、情感、体验全部聚集在这里，企业可以对顾客进行精准的画像，还能预知未来，甚至发现顾客未曾发现的需求。

渠道智能化就是运用新技术更好地掌握购茶数据，与消费者及时互动，给消费者提供个性化建议，更好、更快、更优地满足顾客的喝茶需求。同时，洞察顾客内心，发现其细微变化，运用新技术进行个性化定制和创新，激活其沉睡的需求，引导营销新潮流。

第七章　试错，打开未来

未来是不确定的，激活好奇心，主动探索，用局部试验以小见大，小步快跑，积小胜以致大成，才是打开未来的正确方式。

第七章　试错，打开未来

第一节　巨变时代的经营新思维

中国是茶的原产地，世界茶的未来在中国。

我们大胆预测，未来 20 年，中国茶大概率要重回世界之巅。

中国茶全面复兴，必将培育出引领全球茶叶新方向的世界级品牌，因为中国茶有得天独厚的资源，有巨大的市场空间，有系统的文化思想，关键是中国茶迎来了前所未有的战略机遇。

一、中国茶面临千年一遇的战略机遇

茶是中国原生产业，虽然重要，但很多年一直处于不冷不热的状态。当下这一切已翻篇，这个局面正在发生变化，一场产业革命已拉开序幕。

2020 年，中国取得全面建成小康社会的伟大胜利，摘下贫困的帽子，全民为新生活而奋斗，乡村振兴成为中国经济的一篇大文章。要实现"农业强、农村美、农民富"，就必须推进农业品牌化建设，原农业部将 2017 年确定为"品牌推进年"。2018 年 6 月，农业农村部印发《关于加快推进品牌强农的意见》，第一次将品牌创建上升到国家意志、国家理念、国家战略层面。

中国农业和农村发展极不平衡，东部沿海地区经济高度发达，农业土地多为非农业使用，农业空间不大；中西部地区发展相对滞后，农业地域较广、占比较高，但相对落后，是农业主要发力区域。中西部地区地理和自然环境不利于种植水稻等基本农作物，而适合培育茶等经济作物。茶产业经济价值高，产业链条长，可一业带动多业，因此，国家鼓励推动茶叶种植扩容，成就茶叶产销量第一大国的地位。中国有数百个县将茶作为乡

村振兴的主导产业,茶产业被推上国家战略的主赛道。

乡村振兴战略下的茶产业建设,承担"农业强、农村美、农民富"的重担后,就有完全不一样的使命:一是从茶叶到茶品牌;二是乡村的稳定与就业拓展;三是生态环境的建设与修复;四是乡村旅游休闲功能的建设;五是农耕文化传承与发扬;六是科技融入,深挖产业价值;七是连接茶周边,形成全产业生态圈。一句话:茶的使命就是"一业兴一个区域"。

茶这个有数千年历史的产业内涵越来越丰富,生命力越来越强,生态圈越来越大。从底层结构、产业使命、经营方式都发生了根本性的变化,加之消费升级与技术助力,中国茶迎来千年不遇的战略机遇。

二、时代巨变,中国茶面临四大挑战

近年来,茶产业逐渐热起来,整体走势很乐观。但是,茶企与其他企业的差距还是很明显的。中国茶的起点半高不低,品牌半生不熟;市场是真实有的,但落差也是确实存在的。差距形成的原因有以下四点:

1. 个体崛起,市场碎片化

中国市场发生巨变,最大的推力来自"顾客革命"。21世纪的用户富起来了,更重要的是个体崛起了。个体的崛起源于四个驱动力:一是价值多元,个人价值得到尊重;二是文化自信,个性得到认同;三是生活丰裕,人们有钱了,可以为个人喜好买单;四是制度保障,健全的法制体系最大限度地保护了个体利益,开启了个人自治的新模式。

个体崛起,围绕个体日常生活构筑起小世界,个体成为经济的基本单元,市场解体成碎片。品牌必须连接碎片形成规模,其逻辑也发生变化,经营状态由静态变为动态;经典品牌规则被打破,信息时代的规则还在建立,摸索中前进是茶企常态,交学费在所难免,甚至还有成为"先烈"的危险。

茶本来就是高分散行业,"大品类小品牌""大产业小企业"已让中国茶从业者十分头痛,消费端的碎片化用于本来就分散的茶产业,让碎片进一步被打碎,朝"粉尘化"发展。新形态的品牌如何做,对茶产业来说是一个新课题,这也是我们写作本书的出发点,基于超细小的碎片去构建强势品牌，成就大企业。

2. 文化重构，创造复杂性

中国市场发生巨变，变得复杂难懂，源起于文化重构的多样性与复杂性。互联网引发信息革命，全球跑步进入信息社会，信息社会快节奏让人们追求实际和实效；信息消费基于个人兴趣和需要，从局部切入，重细节，重方法，建立个性化的知识结构。

新环境下，文化从静态到动态，从单一到多元，通过个人链接进行"重组"及"再造"，原有金字塔式结构解体，新的点对点蜘蛛网式文化结构建立。

茶文化在网络语境下变得特别复杂。中国茶知识富集，历史悠久，中国茶文化被贴上传统的标签，如何将传统文化解构成现代时尚符号，本身就是一个很大的课题。中国茶代表的是经典文化，茶作为消费品又必须遵守消费文化，这对矛盾一直很难统一。

互联网状态下，茶文化的边界也被打破了，与其他文化构成了跨界新文化。新时代茶文化不仅常新而且更多样，对于茶文化现象到底是昙花一现还是会成为经典，谁也没有一双慧眼把这一切看得清楚明白，必须在摸索中前进。

3. 科技进步，制造不确定性

中国市场变化快，科技是加速器。互联网时代，科技日新月异，数字技术一日千里，物联网技术普及，新材料、新工艺层出不穷。新技术不仅快速涌现，而且得到快速应用，变成生产的基本要素。

互联网时代的新技术，既不是独立的，也不是单一的，而是有强大的共生能力和包容能力。一方面是技术融合，成为技术集群，带来技术倍速发展；另一方面是可以让产品承载更多的功能，甚至让相互矛盾的功能也能融合为一个整体，推动产品跨界，助推万金油式的新物种诞生。万金油式的新物种满足用户"多、快、好、省"的消费需求，而且大受欢迎，比如，已普及的智能手机，渐渐流行起来的集成灶。

茶是一个原生产业，农业是底子，其对技术的融合是有限的，融合到什么程度也很难预测；哪朵技术的云会下市场的雨，这个谁都看不清；让茶看到希望，实现柔性生产满足个性化定制，目前只限于概念上的研究，并无具体实践。

技术是一个慢变量，发展有一个从量变到质变的过程，太早培育，成本太高，太晚培育，市场分割完成，只能拣点残羹冷炙。茶对新技术并不太敏感，把握技术难度大，因此能不能找准切入点就有相当大的不确定性。

4. 理论重构，大幕才拉开

中国市场发生巨变，让人没有方向感和方法论，因为当下已没有理论指导实践。

中国市场从改革开放起步，基本思路是"洋为中用"。中国市场营销思想来自西方，我们从相当多的中国成功企业身上看到一个老外的影子，当然无可厚非，这是市场迟到者必走的捷径。

茶与中国所有行业一样，践行的都是经典的4P理论，信息时代4P理论已解体：渠道寡头形成，成为独立第三方，以共用资源的形式出现，已无法掌控；互联网让信息流动，消除了不对称，价格透明；消费者自我觉醒，有自我判断能力，促销手段效果大打折扣。因此，4P解体成1P，诞生1P营销，不过1P营销刚刚开始，大家最多只有个方向感，尚无方法论，更缺可用工具，相当长一段时间内摸索着前行。

中国茶一直以立顿为坐标，立顿10多年徘徊不前说明其黄金时代已远去，事实上立顿产品已落伍，其思想已不适合信息时代的市场。中国茶还没长大也没变强，就来到无人区，未来之路究竟如何走，有待中国茶企自己去摸索。

中国茶行动上没有坐标，理论上没有指导，只能在实践中学习，在市场中摸索前行，只有中国本土诞生自己的茶叶品牌经营思想与理论，中国茶才能引领世界茶叶潮流，而这是一个漫长的过程，也是一个巨大的挑战。

三、中国茶拥抱变化，打飞靶

21世纪是一个剧变的世纪，未来具有不确定性。对于中国茶来说，这是最坏的年代，不作为是等死，乱作为是找死；这也是最好的年代，是创新者的舞台，是冒险家的乐园，也是创造奇迹的年代。在发生了巨变的世纪，任何企业、任何营销者，都必须学会应对不确定性，以赢得未来之战，否则现实就会很危险，前景就会很黯淡。

如何应对巨变？拥抱变化，学会打飞靶！打飞靶，就是锁定移动目标，没有理论的指导，更无参照的坐标，唯一方法是"试错"。"试错"是一个让人兴奋又无奈的词。曾经，试错等于摸着石头过河，信息时代，市场已进入深水区，没什么石头可以摸，若无方法指导，结果基本上就是掉到河里淹死；"试错"一度也充满神秘感，意味着天才的灵光一闪，这又与普通人无关，意味着很多企业对未来只能干瞪眼，无法参与未来之战。

事实显然不是这样的，"试错"没有那么神秘，也没有那么复杂，它是一个技术活，需要从顶层设计出发，培养企业战略敏感性，从个性化的小数据看到趋势，通过试验创新产品，再通过战术落地实践寻找模式，也就找到了打开未来之门的金钥匙，就能赢得未来之战。

第二节　向前看，主动探索未知

好奇心驱动探索未来。

中国茶的使命是重回世界之巅，要赢的是未来，未来是不确定的，对不确定要主动探索，探索由好奇心驱使。

好奇心驱动中国茶告别当下的舒适区，敢于冒险搞创新实验，这才是中国茶最缺的精神，也是中国茶赢得未来之道。

一、中国茶为什么失去了好奇心

好奇心是人之本能，是人区别于其他动物的第四驱动力。人类自诞生之日起，就一直在探索不确定的东西。现代心理学研究表明，当人解决了一个未知的难题时，大脑中会布满多巴胺，那种感觉是相当快乐的，这种快乐驱使人们去冒险，主动探索未知。

好奇心是人之本能，也是中国茶诞生的条件。试想，若无神农尝百草，何来中国茶？然后茶几千年连续走下来，与好奇心渐行渐远，根源在于中国茶人独有的文化心态——过分自信和妄自菲薄，这两种心态让好奇心无处安放。

1. 过分自信

中国茶有自信的理由，这体现在以下几方面：一是历史文化的优越感。一杯中国茶，半部世界史；二是物种的优势感。中国是茶的故乡，茶树品种有独特性；三是技艺的神秘感，数千年技艺传承，体系完善，手工图腾崇拜根深蒂固；四是内心的优越感，中国把标准茶卖给老外，把高端茶留给自己。因此，一些茶人沉浸在这样的氛围不能自拔，自以为茶道正宗，万变不离其宗，实则是对变化视而不见。

2. 妄自菲薄

茶产业在国家战略上是一个后发展产业，在相当长一段时间比较弱小，因此才有"七万家茶企抵不过一个立顿"的短暂现象。茶是一个慢发展产业，虽一直在增长，但与诸多跑出火箭速度的产业一比三分低，这又让大家很焦虑；茶又是个高度分化的产业，多数茶企规模不大，市场又十分崇拜规模，这种落差让茶企十不自信。因为不自信，对未来悲观，只求活在当下，不向前看；因为不自信，不敢主动探索，更愿意走别人走过的路，模仿流行战术；因不自信，电商自媒等诸多新领域，茶企都是有意迟到，以减少试验成本。

好奇心需要沉淀和累积，短时看似无用，但潜移默化地会影响经营的思想。思想一变行动就变，行动一变习惯就变，习惯的日积月累最终产生巨大的生产力。中国茶必须与吹糠见米的行为习惯说再见，做些务虚的事，抬头看一下未来的路，只有提前布局，才能赢得未来。

二、激活好奇心，主动探索未来

未来不确定，所以要主动探索，进行冒险尝试。主动探索，一方面需要技术，另一方面有较高的成本。中国茶产业缺乏探索的思想与技术，为探索支付成本的愿望不高；只有选好路径，找到低成本探索之法，才能激发茶企行动，主动面对未来。

探索虽然没有标准动作，从诸多行业的实践中却可以获得方向感和行动框架，用以指导实践，可以让茶少走弯路，少交学费，积极走上探索之路，为未来布局。

1. 成功归零，从当下再起航

互联网开启了一个快速新陈代谢的时代，任何成功都会很快成为过去式，甚至昨天的成功已成为今天前进的绊脚石。

事实上，不仅是企业的成功会很快过时，就连生命力强大的经典理论在受到互联网冲击后也已失效，比如，营销的经典理论是4P，当下诸多行业4P已解体，只剩1P，如何做1P营销，只有从未来找方法。

剧变的时代，任何品牌都无法躺在昨天的成功上睡大觉，必须从当前出发，通过现在寻找未来，到达未来。茶企必须归零，学会与过去说再见，以归零心态对组织进行一次系统审视，装进信息时代思想对企业进行流程再造。

企业的愿景、使命和价值观的优化：从追求茶的商业价值到追求商业价值（卖好茶）与社会价值（产业复兴）并重的转变。企业的新使命要成为茶叶复兴的参与者和建设者。

重塑经营理念：从市场竞争转向以用户为中心，市场构建要从空间逻辑转向时间逻辑，重建茶叶的营销系统。

品牌重塑：从交易到关系，从功能满足到承载用户的映射，让茶升华为一种生活信仰，茶就能告别工业时代，向着信息时代全速前进。

组织归零再起航，茶对此感觉比较钝，而中国很多行业早就在践行了。近几年，很多行业开展得轰轰烈烈的组织再造，被企业家称为"自杀重生"，其实就是主动归零，再向未来出发。

2. 告别舒适区，激活探索之心

品牌代表一种结果和一定的市场地位。中国茶市场高度碎片化，要获得一点地位是相当不容易的。茶企对已取得的成果严防死守，就会开启自卫模式。自卫模式追求安全第一，就会导致茶企停在熟悉的区域享受舒适，从而变得无比自负与傲慢，失去好奇心，对新事物丧失探索兴趣，丧失持续奋斗的勇气和激情，自然也就不会探索未知。

探索未知精彩刺激，但有成为"先烈"的巨大风险。茶企本身规模不大，即使已取得市场地位的品牌规模也不太大，承受风险能力较低，思想上相对保守，经营上多采用跟进策略以降低风险，探索与冒险不在选择之列。

守成会画地为牢，让茶企成为温水中的青蛙。模仿成本低，走别人走过的路，最多也就是别人的跟班，永远无法改变看别人脸色吃饭的命运。中国市场变化多端，最大的成本不是试验成本，而是机会成本；中国茶面临千年不遇的机会，只要找到一条做自己的路，就有机会改变世界。

中国茶企必须重新思考，不躺平也不守成，不跟随也不模仿，告别熟悉领域，激活好奇心，大胆走进未知，用边干边学之法探索不确定的领域，提前布局，化被动为主动，开创属于自己的一片天。

3. 持小白思维，发现新赛道

中国茶历史累积太厚重，专业程度很深，这都驱使从业者走上专家路线。专家路线思想固化成套路，凝结成一种思维定式，最后变成同质化思维；对新技术、新思想、新趋势视而不见，眼中看到的市场一成不变，茶企都是一个模板刻出来的。

做茶需要专业，但是更需要小白思维。茶的主体用户不是专家，而是小白，必须用小白思维看茶。主张小白思维，不是鼓励无知者无惧，而是因为"小白"可以保持初入者的好奇心，敢对小儿科问题问"为什么"，不会用过去的经验判定当下的市场，会用发展的眼光看问题，关注细微变化对未来的影响，于细微之处发现机会。

小白思维的核心是没有门户之见，只有价值之见，而且善于嫁接其他行业的成功经验开创新局面。不仅仅是茶业，许多行业革命都是由入侵者引发的。与其被革命，不如自我革命，突破门户之见，开阔心胸与视野，让别人的智慧、经验与方法为自己所用：

审视——其他行业的方法模式对茶有无启迪意义；

评估——其他行业入侵者对茶造成什么样的冲击和影响；

对标——在对比中发现落差，发现值得茶借鉴之处；

融合——把其他行业成功的方法与经验为茶行业所用，开创新局面。

中国茶由"小时代"进入"大时代"，头部品牌群已初具雏形，头部品牌俱乐部中有不少跨界进入者，如开创类金融模式的大益，开创全域品牌的小罐茶，这些现象级的茶叶品牌所采用的让茶界为之震动的革命性经营方式都是以茶小白思维引入其他行业成功经验，引发中国茶叶新风潮。

4. 向前看，布局未来

中国茶有历史的优越感，做茶最爱拿历史说事，中国茶界谈未来不多，谈过去不少。而全球领先的互联网产业谈创新多，想未来的活法多，为未来布的棋子多，说过去的少。对比其差距，给我们敲响警钟——谁停留在历史中，谁就会被抛弃。

当下的市场，唯一不变的就是变，而且是多变、巨变，今天的方法明天不一定适用，今天成功并不代表明天可以到达彼岸。

茶企如何在多变中活得出彩呢？

告别过去，让过去翻篇；向前看，让未来到来，今天工作的工具与方法，根据明天的目标决定和选择。就操作层面而言，就是关注用户变化、预测技术走向、预判商业模式，从这三个方向就可探索未来的风向，对市场做清楚预判，提前布局，赢在起点。

一是关注用户变化。用户是商业的基础，用户变化特别是代际变化，是革命性的力量，有摧枯拉朽的能力；关注用户，换上用户的脑袋，装上用户的耳朵，用他们的眼睛看世界，激活他们已存在却未察觉的需求，大胆假设，小心求证，发现创造并满足他们的需求，这是创新之道。

二是预测技术走向。茶的科技含量有限，面对日新月异的技术，必须准确判定其与茶的结合度，把握介入节奏，这是很难的事。应对的唯一方法就是对技术变化保持高度的敏感性，快速验证，边干边累积，重构茶产业技术体系，将技术变为茶的核心竞争力，从而构建茶产业的未来格局。

三是试验商业模式。信息时代，经典理论解体，新的商业模式层出不穷，此时不作为是等死，乱作为是找死。面对新商业模式，到底应该如何做？两手抓，一手抓传统，一手抓创新，"抓创新之手"要从细微之处出发，快速验证，小赌快胜，领先半步全面推进，这才是探索未知之道。

第三节　整合数据，做好当下看清未来

用大数据看过去，用小数据看未来。

万物皆连接，宇宙即数据的时代，无论如何强调数据的重要性都不为过。数据使用方法却有讲究，大数据能看清过去，小数据才能洞察未来。

大数据如日中天，逆潮流推崇小数据并不是哗众取宠，而是面对大数据洪流，冷静地进行分析，洞察数字经济的本质。

一、大数据，新的财富浪潮

21世纪，互联网普及，网络、计算机与各种手持设备让人们的生活工作数据化，从而累积了海量数据，将人类带入大数据的世界。大数据究竟有多大？现代社会，每天大约产生2EB的流量，或许大家对2EB没有概念，这样解释一下大家就能理解了：如果你看一本书需要3天时间，那么看完1TB的书就需要4000多年，1EB＝1024TB，可想而知，每天产生的流量之多、之恐怖。

大数据不只是海量那么简单，多源、异构、多时相、多维度、高耦合度等都是认识事物的新钥匙，可以让人把一切看得清楚明白。大数据让世界透明，使曾经困扰我们的认知问题及选择决策困境迎刃而解。

《大数据时代》一书曾攀上各大书店畅销榜单，"大数据"一词被越来越多地提及，并广泛引入商业。运用大数据可以精准地把握用户脉搏，制

造出走心的产品，提供温馨的服务，让信息精准触达，让用户主动购买；可以降低成本提高效率，大数据预示着新一波生产率增长和消费者盈余浪潮的到来。

近年来，中国企业面临转型升级之苦，大数据仿佛让中国企业看到上帝开启了一扇希望之窗。研发、生产、营销每个流程都与大数据有关，都需要数据赋能，企业界、理论界，搭边的还是不相关的，都想挤上大数据这辆豪华大巴，都在铺设通往大数据的路，梦想在这数据价值堪比石油和黄金的"数据财富时代"谋得一席之地。

二、大数据，火热事业需要冷静分析

大数据惊艳亮相，火得一塌糊涂，越是火热的事业，越要冷静地分析，少一些浮躁，多一分理性，看清大数据的真相，再出发也不晚。

大数据并不是什么新鲜事物，在物理学、生物学、环境生态学等领域，以及军事、金融、通信等行业都存在。追溯起来，大数据开启的年代比较久远，只是未进入公众视野。近年来，中国互联网产业一日千里，作为数据大赢家，几个互联网大佬的吆喝，大数据在商界引发高度关注；网络、计算机与各种手持设备让人们进入数字生活，普罗大众才感受到数据之魔力，才刮起大数据旋风。

大数据本来就不是什么新技术，大数据的核心是从混乱中找到相关性，其实从数据诞生之日起，人们一直就在做这件事。其实，严格来说，大数据只能算是数据管理工具的完善，改变的只是数据的扩容，并非数据管理的革命。细看大数据，改变的有且只有两点：一是数据来源，二是数据数量。如何从海量数据中挖掘有用的信息，采用的还是传统方法。大数据重点在大，需要时间累积，大数据注重"面"，事物从面上能找到共识，那已是规律，是过去式，探索的是关联性而不是因果关系，这也会将其引到大概率事件上，而创新通常是从小概率事件突破，因此大数据可以把真相看明白，却很难把未来看清楚。

商业决策要求反应快、成本低，追求成本控制，必须凭有限的数据作出决定，必须善用小数据，用小数据创造大价值！

商业需要大数据，但不能迷信大数据，大有大的用处，小有小的价值，这才是完整的数字思维。

三、大数据，解决茶企当下的难题

大数据有三个特点：其一，看事物从局部转向全面；其二，注重相关性不求因果；其三，引发无序事情的链接。总结成一句话就是，数据量大但想得少，不一定能接近真实，却能解决茶企当下诸多烦恼。

1. 物流：企业的痛

物流，是茶企的老大难问题，仓储不共享，茶叶积压大，区域市场不能及时配送，临期茶、费用高、效率低等一直困扰茶企。走出困境之道唯有大数据，让总仓、分仓、渠道网络相连，实现数据共享；借助二维码、GIS 和视频编解码等技术建立物流追溯系统，从生产到消费的全过程进行数据监管，采集数据分析，使物流进入一个动态的、随时更新的数据集合，以实现物流的动态管理——即时进行产品调整、结构优化、区域货品调配，就可以让茶更贴近顾客，使茶企成本更低，反应更快，更有竞争力。

2. 广告：浪费的伤

营销就是沟通，沟通就需要广告。自从有了广告传播，就有50%的广告费浪费了，但没人知道浪费在哪儿了，广告变成了烧钱的行为艺术。解决之道是，通过搜索引擎、云计算、SVM 技术，分析用户数据库中每个网页浏览记录和购买行为记录，提取关键词，找到用户兴趣爱好，用受众喜欢的方式，在他们需要的时间呈现，就能提升效果，减少浪费，这就是营销人一直在追求的精准传播。

3. 销售：连带的难

营销就是卖货，卖茶的方法只有两个——增加新顾客和让老顾客再次购买。营销的常识是，开发新顾客的成本是维护老顾客的 5 倍。茶企一直追踪老顾客在哪里，可惜传统的销售是一项感觉型事业，全凭销售人员临场发挥。但大数据解决这个问题就是小儿科，对产品交易进行全流程分析，判断顾客的偏好及消费趋势，进行创意促销或个性化产品推荐，精准击中用户内心，让用户无法拒绝。

4. 用户：画像的苦

茶企一直在努力，想为用户做素描。过去用户与茶企是没有连接的，因此茶企对用户只有感性的、粗略的印象，并不精准。这个问题还需要借助大数据。网络用数字360度记录用户行为，找到用户兴趣和关注点，锁定微众与精众，从多维度进行数据分析，能剖开用户的大脑，把用户看个清楚，自然就能更好地满足用户，获得市场份额。

四、小数据，茶企打开未来的金钥匙

任何企业都要两手抓，一手抓住现在的成果，另一手抓布局未来。市场和消费者行为变化，有一个从量变到质变的过程，前期是弱信号，容易被忽视，难以形成显性大数据。判定未来是什么，就只能从当下的弱信号去分析，以发现未来的趋势。

21世纪的茶叶市场最大的特点是快，变化多样，茶企永远不可能在弄清事件的全部真相后做决策。面对不确定性，只有删繁就简，通过有限的数据看透未来，也就是用小数据看到大趋势，这是茶企的必修课。

众多小而碎的数据中，有一类数据紧密连接茶叶和用户，这类数据虽小，但相关性高、因果关系强，若能"抽丝剥茧，明察秋毫"，就可以发现小数据后的"黑天鹅"，用个体或局部数据就可以洞察整体的逻辑和未来的方法，从而提前布局，赢在起点。

1. 外围数据

茶企一般与用户是有距离的，常采用茶会路演等方式直接链接用户，这些活动在常规运营之外，因此形成的数据叫外围数据。茶企与用户亲密接触，企业可以了解用户的购买动机，明确什么是影响他们购买的关键因素，跟踪他们的产品使用场景，明确他们借茶表达的情感与价值，他们是否乐于分享与点赞。梳理这些数据可以发现企业的不足或用户未被满足的需求，这不仅是改良的机会，也是茶企创新的起点。

2. 零售渠道数据

渠道中没有网络中泛滥的垃圾信息，是真实而立体的购买信息，可进行多个维度的画像，丰富用户不同维度的标签，保持信息新鲜有效，这既是清晰画像的基础，也是个性营销的原则。用户数据变化与异动是未来市场的风向标，更是品牌创新的指南针。

3. 自媒体数据

茶企实施数字化战略，自媒体是绕不过去的坎。无论企业如何努力，投入多少资源建立数据库，自媒体数据都是不可缺少的一环。自媒体数据价值即使在核心小数据之中也是最大的。自媒体实现了茶企与用户的直接连接，更重要的是建立了茶企与用户沟通的平台，这个数据是一手的，是真实关联的，是全方位的。

自媒体大数据可以一箭多雕，清晰刻画用户形象，即时记录用户情绪，记载用户生活轨迹，放大用户变化的弱信号，不仅当下把用户看得清清楚楚，还能看到未来用户将去向何方。借此，茶企可以找到当下最优的运营方法，还可以提前布局未来，赢在起点。

五、大小数据整合，赢得数字财富

数据有大有小，大数据关联广、想得少，小数据因果关系强、想得多。茶企数字化战略要两手抓，一手抓大数据解决当下的困难，另一手抓小数据布局未来。如此才能逐渐完善数字认知模型，辨别信号和噪声；以小识大，洞察未来；正确启动数字决策，赢得数字财富。

第四节 用户参与，共同创新

创新虽然漫长，但是关键只有三步。

第一步，开放思想，主动探索；第二步，因小识大，确定方向；第三步，运用既有条件，开启试验。

一、巨变年代，唯有试验

21世纪是个巨变的年代，新技术一日千里，新材料层出不穷，不知道哪朵技术云会下市场的雨，谁也没有一双慧眼能把这一切看得清楚明白。

新技术也好，新材料也罢，本质并没有价值，只有融入产品中，给用户带来更优质、更高效的解决方案，才能产生价值。技术运用到商品中的价值，必须让用户去检验。

新技术也好，新材料也罢，运用的本质是解决用户的痛点，但用户心海底针，本身很难把握；创新产品概念通常沉睡在用户潜意识中，用户自己都不清楚，只有产品出现才能将其激活。

因此，任何新概念产品都带有一定假设性、风险性、不确定性，普通人回避风险选择做旁观者，智者则往往不愿错失机会而勇敢行动，通过试验产品去验证。

"试验"两个字很容易误导人，会使人们将试验挂在假想这个钩子上。假设指导下的实践就有点赌博的味道，成功就是一个小概率事件。

创新的成功虽有概率，但不是赌博式概率。创新虽要付出，也有一定风险，但并非所有策略都是高成本、高风险的，小步快跑就是一种低成本、低风险、高效率的创新策略。小步快跑就是在用户的参与下，在最小化功能原则指导下，投入最少的金钱和精力，创造出新产品进行试验，并通过不断的优化与升级，打造出有竞争力的新品，成功占领市场。

二、用户参与，共创产品

中国茶要找到未来的方向，关键点在于把实验室的技术和用户需求相结合并转化为产品概念。这既是创新的关键点，也是市场的起点。

商业实践中，对于创新，大家都会严防死守，不愿出声，怕被模仿。因此，技术植入产品和概念植入产品一般会在封闭环境中完成，离用户比较远。企业本以为创造了一个改变世界的神器，结果却是用户一点都不感冒，创新成了九败而难得一胜的事业。

创新的目的是给用户提供更好的喝茶方案，怎么能没有用户参与呢？

所以必须换一种玩法：从用户出发，让技术和概念融入生活；寻找天使用户，创新茶概念和体验。这样才能创造出一种生活信仰之茶，决胜开端。

1. 从用户出发，让技术和概念融入生活

创新，茶界精英一直努力在实践，开创了"头脑风暴"、市场调研、焦点小组、封闭测试等诸多办法，可收效甚微，茶叶创新仍是九败难得一胜。原因大抵有三。

其一，对于一个新技术和新概念来说，能识别其用处的人并不多，这就是乔布斯说的人们并不清楚自己需求的原因。

其二，言行不一乃人之本性，喝茶的人都说自己喜欢老班章，但多数人并不会购买老班章。

其三，脱离实际的场景。茶叶需求是有场景和仪式感的，但茶人的很多创造是在头脑中形成并用文字描述出来的，商业行为成为臆想或是文字游戏，结果变成造字灾难。

改变九败而难得一胜的局面，唯一的办法是带着技术与创意，走出实验室，走出办公区，走进用户的生活；以用户的眼睛看茶，以用户的耳朵听茶，以用户的心感受茶，发现用户生活中对茶功能与价值的真实需求，把新技术、新创意融进茶中。这样就能创造出具有更舒适的口感、更好的体验，承载更丰富的价值的新产品；让新技术、新概念为用户所用，让创新从实验室走进用户生活，这才是产品创新的根本点。

2. 天使用户，共同创新茶

从用户出发，这个用户不是一般的用户而是天使用户。用户原则上可以分为天使、尝鲜、主流、落后四个群体：天使群体标新立异，希望参与创立；尝鲜群体追求时尚体验，喜欢初代产品；主流群体追求实用安全，只购买成熟产品；滞后群体思想保守被逼消费，产品进入衰退期才开始购买。

天使群体对茶某一方面的革命性技术十分热爱，对茶承载的文化与概念有持续的关注和研究；对技术融入产品、文化融入生活有自己的见解；对不成熟的创新产品也愿意尝试，还乐意帮助其改进；能在技术概念与产品之间的鸿沟上架起一座桥梁，让技术转化为产品。

茶企创新，不能封闭控制，必须建立一个互动的开放平台，把天使消费群体引进来，全面参与创新与创造；用户希望新产品是什么样的汤色、滋味、香气，是什么样的体感，附着什么样的情感，表达什么样的价值，构建什么样的生活仪式感。只有这样指导茶叶创新实验，才能创造新物种。

三、开创原型，启动试验

从探索到原型是茶叶创新的拐点，只有这样，技术和概念才能走出实验室变成商品。

从变量的逻辑上讲，一项技术或一个概念变成产品有一个窗口期，如果能在窗口期内做出茶叶原型，接受用户是否爱喝这个市场检验，就赢在了起跑线。赢在起跑线的技术方法有三：一是功能浅，找到切入点；二是速度快，领先半步；三是成本低，激活市场。这三个方法不仅是加入新赛道的入场券，而且是新市场的发动机。

1. 功能浅，找准切入点

新技术和概念都是一个慢变量，用途、功能（内容）需要不断丰富和完善。因此，茶叶产品创新不是瀑布式的一次成形开发，而是一个不断优化与升级的过程；等把一项技术（概念）的商业化运用完全搞明白时，市场这盘黄花菜也凉了。

从产业角度来看，开始进行技术类创新时，缺乏产业链支撑，新技术只能加载到老产品上，因此需要找到新技术的某项功能，这项功能可以解决用户一个简单又迫切的痛点，这是原型的切入点，也是新产品的起点。

2. 速度快，领先一步

茶叶产品探索未来的实践以快经济作为逻辑，因为技术虽是一个慢变量，却很快会变为基础设施，技术变成基础设施就是成本而不是竞争优势。比如，曾经风光无限的电商，现在已变成标配渠道，成为所有茶企的成本。

开创原型进入市场那点事，必须遵循时间价值逻辑，即必须以时间换空间指导市场实践。时间换空间不是一个节点，而是全链（从技术到概念确立到产品原型，从价值证明到引爆流行），可以不完美，但必须快。时间换空间必须遵守"三一法则"，也就是眼光上必须领先三步，行动上只能领先一步。

3. 低成本，激活消费

茶叶创新思维是从天使消费群体出发，天使用户标新立异，追求好玩，消费是一项感觉事业，茶人会认为天使用户对价格不敏感。其实，这是一个误区，那是过去式。新一代的天使消费者追求产品个性，热捧有鲜度的喝茶方案，还要在喝茶的价值与价格中找平衡点，价格高不可攀并不受他们待见。

茶叶创新是要制造改变世界的神器，必须做好成本控制。成本控制需要从口感、价格、品质、精神、情感、仪式等多维度考量，从中找到平衡点，给用户价值最大化的满足，才能激活用户，迅速开启市场。

成本的考量，还应考虑试验综合成本。在最小化功能指导下，投入最少的财力和精力，研发出实用的新产品，快速启动试验，快速评判市场前景，不断优化升级，最终实现市场领先，这才是低成本高效创新所走的路。

第五节　慢法则，跑通商业模式

战略上慢不得，战术上急不得！

这是中国茶探索未来必须掌握的方法，也是从当下走向未来制胜的法宝。

战略上慢不得，即保持敏锐的洞察力，提前预判和布局，取得先发优势。战术上急不得，不能一开始就实施猛打猛冲，应伸一条腿探探路，找到一套可复制的模式，再急速狂奔。

一、创新，慢事业小步快跑

中国市场流行一个观点，中国茶已老，守旧不时尚。

其实，这是对中国茶很大的误解。中国茶算不上太开放，也算不上太保守，对新思想、新技术的接受虽然不快，但是也不慢，关键是敢于主动实践。中国茶一直不缺少看点和热点，新茶饮、萃取物、速溶茶、现萃鲜茶饮、时尚工夫泡、机泡系统、冷泡等，一波又一波的新物种，你方还未唱罢，我方就已登场。

中国茶开创新物种，想的可不是赚几个小钱花这么简单，而是有大梦想，是奔着改变产业格局，让中国茶重回世界之巅这个大目标去的。

中国茶创新很热闹，参赛者不少，赛道也很多，大家做得苦、做得多，收获却很少。诸多赛道，唯新茶饮（那是另一个赛道，与原叶茶关系不大）光明在前，其他赛道都还在苦苦挣扎，未见曙光，茶仍未打破创新的宿命——九败而难得一胜。

中国茶的创新为什么变成一项堪比彩票的概率事业？

中国茶改革的梦想十分强烈，创新多采用大跨步的策略，出手快、拼得猛，有点毕其功于一役的味道；一次出手基本上会把资源消耗殆尽，若一击不中，则根本没有调整再战之力。创新是折腾出来的，必须苦干、巧干，而且要反复干才能成功。大跨步法就把创新变成一种搏命法，是很多企业不能承受之重，这也是中国茶新物种赶趟往外冒却并未赢得市场的真正原因。

任何创新创造都是基于现实对未来的一种假设，必须通过假设、验证、调整、再验证的循环，确立好价值点并通过市场验证跑出可以复制的商业模式，再全速前进。先慢后快才是创新的正确节奏。

先慢后快的方法在营销上叫"小步快跑"，化战略为战术，找到战术点，并证明可行性和可复制性。其优势十分明显，不死磕某一个点，磕某一个点也分段执行，渐进加速，让资源投入一切尽在掌握，即使不成功也可以调整，直到找到可以复制的战术，这便是主流的创新策略。中国茶整体实力不强，更应该采用这种策略。

二、战术主义，找到可以复制的模式

茶企一无大跨步前进的产业基础，二无大跨步前进的能力，搞创新"小步快跑"才是最适合的选择。中国茶做创新，思想上要有战略的敏锐度，规划上要有战略的高度，更要重视化战略为战术。找到市场切入点，通过市场检验，提炼成一套系统方法，这样就在实践中找到了一套可以复制的模式，复制模式，复制成功。这就是创新实践中战术支撑战略的思想。唯有如此，中国茶创新才能落地，才能由慢跑到快跑，赢得未来。

1. 连接用户，找准市场方向

任何创新产品都必须走出实验室，走进市场链接用户，不能简单地看用户是否喜欢某款产品，要从用户对产品的使用上发现未来的空间与价值。

首先，让用户验证产品，一方面要检验产品，产品在企业眼中都是"乖孩子"，但这并不代表用户喜欢；因此，必须改变传统的焦点小组等调研法，走进用户的真实生活，从使用情况判定产品功能是否完善，是否与用户需求相匹配，是否符合用户的价值预期，是否会对用户产生黏性，以此为依据对产品进行优化和迭代。

其次，从生活场景看替代什么产品，从真实生活场景判定产品替代什么老产品。替代品不一样，竞争对手也不一样；对企业资源实力要求不同，营销手段也会有差距，所以企业的未来也会不同。比如，袋泡产品和立顿竞争，比的是品牌、渠道、管理等综合实力。

最后，从用户接受度预估市场容量，从用户使用的频率、场景，替代产品的类别、产品黏性和复购可能性确定市场容量。预估容量是关键中的关键：如果容量太小，天花板可见，进入价值就不大；如果容量太大，吸引力太强，未来就会有很多强大的对手加入，凭资本、品牌、渠道等优势可以把原创变成盗版，创新就变成为他人作嫁衣裳，所以一定要慎重。

至此，创新已完成对企业能力与市场竞争结构的一次审阅，通过对市场容量的评估，可以对现实对手和潜在进入者进行评估，以此制订计划并在一个封闭市场实践，以找到可以复制的模式长驱直入。

比如，新式茶饮，从用户角度看，第一，它售卖的不是产品而是空间，产品竞争力是尝鲜，这就是新式茶饮必须不断推新品的原因；第二，从替代角度看，其替代的是咖啡而非原叶茶；第三，从消费场景看，消费频率高，其容量巨大。这就决定了新式茶饮竞争的逻辑必须与星巴克相同：大品牌、大连锁、大营销，当然还需要大资本，所以这条赛道并不适合传统茶企。

2. 供应链过坎，打造底层竞争力

中国市场早就告别了单挑时代——企业的单体竞争，开启了群殴模式——产业链的竞争。没有产业链的支撑，谁都寸步难行。中国茶要创新，就必须过供应链这道坎——整合供应链，让产品的综合成本更优，流通更畅通，以此构建起产业竞争力，实现市场突破。

一般来说，供应链是从茶园到茶杯的全流程，但中国茶的这条链太长，要素太多，太复杂，所以茶界达成共识：供应链特指从茶园到工厂这一段。当前，中国茶的这一段还处于半工业半手工化阶段，生产效率不高，提升空间大，更重要的是科技融入有限，制约茶的创新实践。

中国茶一直在整合供应链资源，力求制定标准化的提升方法。供应链是市场倒逼机制的产物，滞后于产业的发展，只能通过借用、改造、重生三部曲完成试错。

借用，即产业初期把解决用户痛点的方案嫁接到现有生态系统中，对现有产业链做局部改造，快速将技术商品化，快速走向市场。

改造，即产业上升期规模效应已显，以技术重新链接合作伙伴，建成全新的产业链（技术整合供应链有两种做法：高通模式，是运用底层技术连接成系统；苹果模式，是通过技术的人性化运用整合成系统），重建产业秩序，重构产业边界。

重生，即关系重塑，曾经供应链是交易，合作又博弈；关系重塑就是变交易为伙伴，以价值共识做底层重建链接，构建和谐共赢的伙伴关系，激发集体协同创造力，相融共生，共同创造未来。

3. 市场测试，跑通商业模式

当下，关于创新有一种误区，受几个成功互联网企业的影响，让企业值钱而不是赚钱的思想很有市场。企业一上手就大跨步地发展，拼命跑规模、做数据，以致忽视了创新业务赚钱的能力。

其实让企业值钱也好，做创新也罢，本质就是要盈利，即使追求"值

钱"的互联网企业也证明了不赚钱的生意不可持久。中国茶产业融资渠道单一，必须走以战养战之路，尽快找到自己的赚钱之路。

中国茶企的赚钱之路就是必须下场拼刺刀肉搏，走出封闭的市场，与竞争对手过招，与渠道合作，给顾客体验与感受；制定本产品的差异化营销方式，把商品变成钱，实现盈利，让创新产品有生血能力，从而跑得快、跑得远，赢得未来。

中国茶企必须从封闭市场检测中提炼成功因子，并将其固化、再优化，形成一套可以复制的模式，再全面推广，就可以进入快跑阶段。

茶叶产品市场验证中还有一个角度——商业模式创新，目标是把全产业链从交易关系改为战略伙伴关系，以价值为旗帜，以品牌为纽带，通过资源共享实现优势互补，建立共生共荣的产品流通体系。

新的商业模式彻底打破了传统销售渠道中甲方、乙方合作的方式，实现"一家人，一盘棋，一体化"变革市场模式，构建和谐共赢的伙伴关系——全链高度统一价值观、统一思想、统一市场步伐，大家共同创造未来。

第六节　顶层设计，建设试验特区

守成活好当下，创新赢得未来！

剧变的时代，任何企业活得好活得久，都必须"两手抓"：一手抓守成，就是把小事做好，把身边问题处理好，活好当下；一手抓创新，就是洞察未来，提前布局，赢得先机，成功通往未来。

一、稳中求进，探索未来之道

探索未来，需要的不仅是智慧和勇气，还要有资金支持。

将新技术打造成产业，是一个漫长而复杂的过程，大体可以分为六步：第一步是概念的诞生，即技术方向出现；第二步是技术萌芽，即技术基本形成，有应用方法；第三步是产业萌芽期，这个时期技术已经定型，市场方向也已经确定，可以启动商品化实践；第四步是产业调整，即探讨如何深度运用技术以及技术与商业如何全面融合；第五步是产业兴盛期，对产品进行全面推广，使产品在市场上普及；第六步是产业衰退期，产品在市场上表现出衰退的迹象，替代品出现。

探索创新之路的流程漫长，而且每一步都很花钱，茶企关注的创新可不是小改小革那么简单，而是重构产业边界，重建市场秩序，改变中国甚至是世界茶产业版图的革命性变化，是需要花大价钱的。

探索中的每个节点功能都不一样，机会成本也不一样。进入得太早，要担起培育整个产业的重任，企业能力不强，容易为他人作嫁衣裳；进入得太晚，市场分割已完成，机会不在。最佳的进入时期是产业调整期，无技术风险，市场有方向感，培育成本也低，但谁也没有一双慧眼能把这一切看清，精准卡位，唯一的方法是先干，以时间换空间。

探索未来之路，每一步都要花钱，可以说是钱堆出来的；探索之路上的任何一步犯错误，都有可能前功尽弃。另外，还有一种可能是虽然你每步都走对了，但得出的结论是此路不通。探索是高投入、高风险的事业，有"九败一胜"之说。关键是，除了反复尝试，再无他法，正如任正非所说："一次投资成功的说法是反动的。"

探索是一项烧钱的行为艺术。马云说过："能用钱解决的问题都不是问题。"事实上，企业特别是传统企业，融资渠道相当单一，钱一直是企业发展面临的大问题。被逼无奈，多数企业只能以战养战，先解决生存问题，再谋发展问题，这是面对现实的经营智慧。

探索不斗勇，有条件试，没有条件创造条件试；不斗猛，不全速奔跑，毕其功于一役，而是量体裁衣，以生存为原则，将风险控制在企业承受范围之内，即使一次不成，企业也有多次再战之力，通过不断试错，最终找到未来的路，这就是稳中求进的探索思想。

二、三级驱动，构建试验特区

茶是慢行业，虽说现在已不太冷，还有政策的力挺，但资本仍处于观望状态，未来相当长一段时间内只能自力更生，中国茶企还玩不起烧钱定胜负的游戏，必须得走稳中求进的路线。

中国茶企如何做到既守得住当下的成果，又抓得住未来？唯有将稳健经营和冒险探索的基因融为一体，以苦干守住已取得的成果，以巧干赢得未来。这是一套从顶层设计开始的三级驱动系统，资源合理分配给守成和探索，守好现在又准备未来，就能一切尽在掌握，平安到达彼岸。

1. "一把手"工程，化理念为行动

"两手抓"是实现基业长青的战略思想，任何企业都想守住当下，又赢得未来；但多数企业在实践中没有把握好这个度，常常是守不住现在，赢不了未来。实践中推动"两手抓"有一个先决条件，即"一把手"亲自抓。

其一，统一思想。

茶企经营，守旧易，探索难，激励众人拥抱变化更是难上加难。人们习惯留在舒适区，要让他们走出安全区，大胆探索未知领地，必须有试错容错的氛围与环境支撑。这种氛围和环境鼓励冒险，允许失败，拥抱失败，并且将失败作为学习工具。一个企业的文化带着企业家的鲜明个性，唯有"一把手"亲自输出并践行，文化才能融入团队，成为日常工作指南。

探索是一种向前看的思想，团队愿意向前还有一个重要条件，就是探索中的错误可以被包容，更重要的是成功可以分享，大家才愿意努力去做这个高风险的事。

这种心态叫归属感，归属感的基础是企业家精神，只有一把手竖起旗帜，才能获得大家的信任，才能成为大家的行动指南，才能让探索顺利起航。

其二，建立保障体系。

对于探索，无论是新思想还是新技术的运用都是要花钱的，当然这不仅仅是花钱就可以决定胜负的事，还需要高水平的团队脚踏实地、一步一步走到未来。

企业必须先建立保障体系，有资源足够和能力匹配的团队来推进，更重要的是这个体系还需解压机制支撑。探索是件花钱的事，钱砸下最好的结果是延后带来利润，更多的结果是认识到此路不通。此时，通常会面临市场的压力、团队的不理解、舆论的嘲讽，一般人顶不住，唯有"一把手"扛住这个压力，团队没有思想负担，才能轻装前进。

其三，掌握平衡。

探索是要守住现在又能探出未来，需要"激进主义"，又拒绝全员大冒险；思想上，既容得下激进的"冒险主义"，也有守成的"保守主义"；资源调度上，既要维护当下正常的运营，又要保障试验顺利开展；团队结构上，有人低头干当下的事，有人抬头看未来的路。

守住当下和赢得未来是一对矛盾，企业管理者要掌控二者的平衡：首先，要有战略远见和大局观；其次，要有超强的协调能力和动员能力；最后，要有权威性和推进方法。唯有"一把手"的格局与资源调动能力才能很好地掌控二者的平衡，企业才能持续向前。

2. "1+1"模式双线平衡推进

探索未来是一项风险事业，九败一胜是常态。

一种风险有两种模式。一种是赌徒模式，即采用押宝策略，毕其功于一役，不计后果花钱砸明天，在一条路上狂奔，通常会把自己逼上绝路。另一种是企业家模式，追求可持续发展，注重稳中求进，不追求一切尽在掌握，但务必做到风险最小化。更直白地说，企业要在保生存的基础上谋发展，对探索的投入不能影响已有业务的基本运营，要把风险控制在企业的承受范围内，可以一战再战，最终找到未来之路。

"1+1"双线并行的战略模式，就是稳中求进的策略。

守住成果：捍卫已有的市场成果；精心呵护明星产品，通过发现产品新用途扩大规模，通过产品迭代延长产品生命，通过产品簇群化丰富生态，提升市场竞争力；对通路进行精耕细作，实行精细化营销以提升效率，降低成本，持续保持有利的市场地位。

探索未来：稳中求进地探索，不主张大冒险，不强调野蛮生长，而是提倡乌龟精神，积跬步以至千里。以好奇之心去看世界，于青萍之末预见未来之风向，大胆假设，小心求证，行动上纠错与纠偏，小步快跑，最终到达彼岸。

"1+1"双线并行的战略模式强调不在一棵树上吊死，作为建立在市场变化基础上的公司，要多准备几手；只有手中有多张牌，面对各种风险时心中才不慌，才能从容地开创大好局面。

"1+1"并行的战略模式需要风险承受能力，企业是有生命周期的，所处生命期不同，承受风险的能力差别会很大，必须选对节点。企业草创期，活命第一，寻找第一个"1"；生存期，唯一目标是寻找发展模式，做实基础"1"；企业扩张期，一心一意扩大市场份额，做强基础"1"，无心思无余力做另外一个"1"；成熟期，有一套有竞争力的商业模式，资金充足，结构稳健，有能力也有实力寻找未来的"1"；衰退期，收拾旧河山，企业已无能力搞另外一个"1"。

3. 两支团队开创试验特区

探索与守成是一对矛盾：探索必须是向前看，必须运用新思想、新工具，工作多变，没有套路可循，结果不确定；守成必须依靠经验，注重流程，追求可控性，讲过程、细节和方法，以结果为导向。

探索与守成基因不兼容，没有调和的可能性。唯一的解决之道是建立一新、一旧两个团队，旧团队、旧观念、旧方法做成熟业务，新团队、新思想、新方法开拓未来。

建设新旧两个班子，关键在于在新旧班子之间建立隔离墙，防止新团队被旧团队同化，最智慧的解决方法是建立试验特区。

试验特区建设要先拉开空间距离，把探索放在变化的源头而非企业大本营，用空间距离隔离传统，同时能更快、更多地接纳一手信息，让企业更敏锐。

试验特区建设必须建机制，采用与旧团队完全不一样的考核机制，从制度上进行保障，新团队才敢大胆探索，才能实现从0到1的突破。

试验特区建设的指导思想是战略上整体规划，运营执行上化整为零，在思想上要看到远方，在行动上要从脚下起步；关注大趋势，从细节做起，通过解决好细节问题，积小胜制大胜；研究萌芽状态、模糊状态的技术和观念变化，尝试在现有产品之上植入新技术进行改进；不追求了解全部真相、快速商品化，从无到有，从有到优，通过不断迭代，建立领先优势，成功通向未来。